O que é a filosofia?

Giorgio Agamben

O que é a filosofia?

Tradução
Andrea Santurbano e Patricia Peterle

© Boitempo, 2022
Che cos'è la filosofia? © 2016 por Giorgio Agamben
Publicado originalmente por Quodlibet, Macerata, Italia
Este livro foi negociado via Agnese Incisa Agenzia Letteraria, Torino

Direção editorial	Ivana Jinkings
Edição	Pedro Davoglio
Coordenação de produção	Livia Campos
Assistência editorial	Carolina Mercês
Tradução	Andrea Santurbano e Patricia Peterle
Preparação	Mariana Echalar
Revisão	Thaís Nicoleti de Camargo
Capa e diagramação	Antonio Kehl
Imagem de capa	pintura *Parnaso (Marte e Vênus)*, 1497, de Andrea Mantegna

Equipe de apoio Camila Nakazone, Elaine Ramos, Erica Imolene, Frank de Oliveira, Frederico Indiani, Higor Alves, Isabella Meucci, Ivam Oliveira, João Cândido Maia, Kim Doria, Lígia Colares, Luciana Capelli, Marcos Duarte, Marina Valeriano, Marissol Robles, Maurício Barbosa, Raí Alves, Thais Rimkus, Tulio Candiotto, Uva Costriuba

---

CIP-BRASIL. CATALOGAÇÃO NA PUBLICAÇÃO
SINDICATO NACIONAL DOS EDITORES DE LIVROS, RJ

A21q

Agamben, Giorgio, 1942-
    O que é a filosofia? / Giorgio Agamben ; tradução Andrea Santurbano, Patricia Peterle. - 1. ed. - São Paulo : Boitempo, 2022.

    Tradução de: Che cos'è la filosofia?
    Inclui bibliografia e índice
    ISBN 978-65-5717-057-1

    1. Filosofia italiana. 2. Linguagem e linguagens - Filosofia. I. Santurbano, Andrea. II. Peterle, Patricia. III. Título.

21-71100   CDD: 195
                                                                        CDU: 1(450)

Gabriela Faray Ferreira Lopes - Bibliotecária - CRB-7/6643

É vedada a reprodução de qualquer parte deste livro sem a expressa autorização da editora.

1ª edição: abril de 2022

BOITEMPO
Jinkings Editores Associados Ltda.
Rua Pereira Leite, 373
05442-000 São Paulo SP
Tel.: (11) 3875-7250 / 3875-7285
editor@boitempoeditorial.com.br
boitempoeditorial.com.br | blogdaboitempo.com.br
facebook.com/boitempo | twitter.com/editoraboitempo
youtube.com/tvboitempo | instagram.com/boitempo

Sumário

Corpo a corpo com a linguagem – *Andrea Santurbano e Patricia Peterle* 7

Advertência 29
Experimentum vocis 31
Sobre o conceito de exigência 73
Sobre o dizível e a ideia 83
Sobre escrever proêmios 171
Apêndice – A música suprema. Música e política 179

Referências bibliográficas 195
Índíce onomástico 199
Sobre o autor 203

Corpo a corpo com a linguagem

A relação entre arte e filosofia sempre acompanhou os estudos e escritos de Giorgio Agamben, nome que é sem dúvida uma referência quando se fala em pensamento crítico contemporâneo. Os inúmeros prefácios para textos de Marcel Proust, Robert Walser, Ingeborg Bachmann, Giorgio Manganelli, as intensas leituras de autores como Franz Kafka, Herman Melville e o célebre escrivão Bartleby – a quem dedica vários ensaios –, Antonio Delfini, Primo Levi – mais que presente em *O que resta de Auschwitz** –, ao lado de outras que o acompanham, como a de Guy Debord, com *A sociedade do espetáculo*** (1967), e Aby Warburg, a quem dedicou um texto sobre a "ciência sem nome", são somente alguns momentos dessa trama do pensar que exige o contato entre campos que para alguns poderiam parecer separados, mas que aqui necessariamente se cruzam. Poderiam ser lem-

---
* Trad. Selvino J. Assmann, São Paulo, Boitempo, 2008. (N. E.)
** Trad. Estela dos Santos Abreu, Rio de Janeiro, Contraponto, 1997. (N. E.)

brados ainda Guido Cavalcanti, Friedrich Hölderlin, Giacomo Leopardi, Giovanni Pascoli, Paul Celan, Elsa Morante, Eugenio De Signoribus – definido como o "maior poeta civil de sua geração" –, Patrizia Cavalli, Dino Campana, Óssip Mandelstam, Stéphane Mallarmé, que aqui é trazido em "Crise de versos".

Dois encontros fundamentais que marcaram o percurso do filósofo italiano, para além daquele com Heidegger e dos seminários de Le Thor, realizados em 1966 e 1968, foram sem dúvida os com Walter Benjamin – que virou uma obsessão, como o próprio Agamben afirma em *Autoritratto nello studio* [Autorretrato no estúdio] – e com o poeta Giorgio Caproni. Não é uma coincidência, portanto, as fotos e as recordações de Benjamin e Caproni em seus estúdios em Roma e Veneza. Se a dívida com o primeiro é incalculável, o segundo é considerado a todo momento, com absoluta maravilha, pela intimidade com que se move entre pensamento e poesia. A relevância desses dois encontros está também registrada em dois trabalhos filológicos de fôlego: a reconstrução do livro de Walter Benjamin sobre Baudelaire, a partir dos manuscritos encontrados por Agamben na Biblioteca Nacional de Paris em 1981, e a organização dos poemas deixados inéditos por Giorgio Caproni, que compõem o póstumo *Res Amissa*.

É, portanto, no âmbito dessas ligações e relações – tão íntimas – que vão se construindo ao longo das inúmeras leituras e dos diferentes diálogos que está uma das preocupações fundamentais do pensamento de Giorgio Agamben, aquela concernente à linguagem. Disse ele em uma entrevista em 2016, ano de publicação de *O que é a filosofia?*:

> A verdade habita na língua e um filósofo que não cuidasse dessa morada seria um filósofo ruim. Os filósofos, como os poetas, são, sobretudo, os guardiões da língua e esta é uma tarefa genuinamente política, ainda mais numa época, como é a nossa, que busca com todos os meios confundir e falsificar o significado das palavras.[1]

Contudo, tal afirmação não é uma novidade para quem acompanha os estudos do filósofo. Dessa maneira, é preciso lembrar que a reflexão sobre a linguagem já estava mais do que presente no projeto *Homo Sacer*, como se lê no último volume do projeto, *O uso dos corpos*[2]: a ontologia é o lugar originário da articulação histórica entre linguagem e mundo. Se a antropo-

---

[1] Entrevista com Antonio Gnoli, "Credo nel legame tra filosofia e poesia. Ho sempre amato la verità e la parola" [Acredito na ligação entre filosofia e poesia. Sempre amei a verdade e a palavra], *La Repubblica*, 15 maio 2016.

[2] Nesse sentido, é interessante lembrar um trecho da "Advertência" que abre esse volume e evoca alguns dos conceitos mais caros trabalhados pelo filósofo: "Portanto, o leitor encontrará aqui reflexões sobre alguns conceitos – uso, exigência, modo, forma-de-vida, inoperosidade, potência destituinte – que guiaram desde o início uma investigação que, assim como ocorre em toda obra de poesia e de pensamento, não pode ser concluída, mas só abandonada (e, eventualmente, continuada por outros)". Não é de se estranhar assim que as epígrafes no início do livro sejam de Montaigne, Vittorio Sereni (outro poeta contemporâneo e amigo de Caproni) e Hölderlin. Ver *O uso dos corpos* (trad. Selvino J. Assmann, São Paulo, Boitempo, 2017), p. 9.

gênese, o devir humano do homem, não é um acontecimento que se realizou uma única vez no passado, mas que não cessa de acontecer, ou seja, um processo em andamento em que o homem pode se tornar humano e permanecer (ou se tornar) não humano, a linguagem tem aqui um papel central ético e político em sua articulação com o mundo.

Considerando que a edição italiana de *O que é a filosofia?* é de fevereiro de 2016, pelo menos outros dois textos que o antecedem podem ser mencionados: *O fogo e o relato*[3] e *Pulcinella ovvero divertimento per li regazzi* [Pulcinella, ou seja, diversão para os meninos], publicados na Itália em 2014 e 2015, respectivamente. No primeiro, desde as páginas iniciais está em questão o relato, o narrar, além de conceitos como inoperosidade, uso, forma-de-vida, potência-de-não, os quais vão construindo a trama do pensamento por meio da leitura de autores – alguns já mencionados acima – que só pode se dar numa espécie de "vórtice", para citar um dos dez ensaios desse volume, que coloca em diálogo Cristina Campo, Pier Paolo Pasolini, Giorgio Caproni, Giorgio Manganelli, Paul Celan, Roland Barthes, Gilles Deleuze, Michel Foucault, Walter Benjamin, Espinosa, Aristóteles. Escrever, afirma Agamben, é contemplar a língua, por isso a língua do escritor nunca será

---

[3] Giorgio Agamben, *O fogo e o relato* (trad. Patricia Peterle e Andrea Santurbano, São Paulo, Boitempo, 2018).

um campo neutro e instrumental. Não é à toa que a poesia[4] retorna nas reflexões de *O que é a filosofia?*, uma vez que a vida da língua é a poesia, a literatura, a experiência que dela se faz. Uma das imagens que chamam a atenção é a do Canto XIII (versos 77-78) do "Paraíso" de Dante Alighieri, poeta que ainda não havia sido nomeado, mas que é central para os estudos de Agamben (basta pensar, por exemplo, em *Estâncias**): "[...] *l'artista/ ch'a l'abito de l'arte ha man che trema*" [o artista/ a quem, no hábito da arte, treme a mão].

O artista não é, portanto, quem possui uma potência de criar e passar ao ato, pois a mão treme, *titubeia*. E é justamente esse limiar – esse titubear – que interessa, nessas páginas, quando é colocada a seguinte questão: "O que é, de fato, a poesia se não uma operação na linguagem, que desativa e torna inoperantes funções comunicativas e informativas desta, abrindo-as para um possível novo uso?"[5]. Nesse sentido, a *Divina comédia* de Dante (nas páginas que seguem evocada indiretamente pelo "enlace musaico"[6]) e *A semente do pranto*[7] de Caproni, assim

---

[4] Na poesia, de fato, está a capacidade de mudar a língua, de transformá-la, e isso é um gesto político.
* Trad. Selvino J. Assmann, Belo Horizonte, UFMG, 2007. (N. E.)
[5] Giorgio Agamben, *O fogo e o relato*, cit., p. 80.
[6] Ver Dante Alighieri, *Convívio* (trad. Emanuel França de Brito, apres. Giorgio Inglese, São Paulo, Companhia das Letras, 2019).
[7] Ver Giorgio Caproni, *A coisa perdida: Agamben comenta Caproni* (org. e trad. Aurora Fornoni Bernardini, Florianópolis, Editora da UFSC, 2011).

como o sexteto de Arnaut Daniel e *Trilce* de César Vallejo são contemplações da língua italiana, francesa e espanhola. Tal relação, que é de tensão com a língua, sempre em busca dela, mostra-se não só como um problema estético, mas, sobretudo, ético e político.

A figura de Pulcinella, uma das mais famosas máscaras da *commedia dell'arte*, continua a reflexão sobre a linguagem, na medida em que a desmonta, a desestrutura, fazendo com que ela se desloque até o limite de uma implosão. O que importa nesse livro é a relação entre política e teatro, da qual quase não nos damos conta. Na pólis grega, a dança, a música, a tragédia e a comédia faziam parte da vida pública. Pulcinella é, assim, outro lugar de limiar, intersticial, e por isso interessa ao filósofo: de fato, para ele não se trata de comédia ou tragédia nem do tragicômico, mas talvez de hilarotragédia, para lembrar Giorgio Manganelli[8]. Pulcinella desmancha as fronteiras entre os dois gêneros, e esse espaço que se abre, nem trágico nem cômico, é o que interessa. Outro elemento a ser notado é que Pulcinella nunca está só, é um personagem que exige e anuncia uma outra política ("destituinte") que não tem mais lugar na ação. A diversão, então, é uma reflexão que tem como ponto de partida as imagens que Giandomenico Tiepo-

---

[8] Giorgio Manganelli, *Hilarotragédia* (trad. Nilson Moulin, Rio de Janeiro, Imago, 1993).

lo dedicou à máscara napolitana, nos afrescos que decoravam sua casa em Zianigo, que hoje estão no museu veneziano de Ca' Rezzonico, às 104 imagens contidas no álbum *Divertimento per li regazzi* [Diversão para os meninos]. Importante lembrar que a tragédia, a comédia[9] e a dança faziam parte da esfera da música, que mantinha uma estreita ligação com a política, como fica claro na *República** de Platão. Para o filósofo, que, ao lado de Aristóteles, é um dos mais citados em *O que é a filosofia?*, os modos musicais não podem ser mudados sem que as leis fundamentais da política também mudem. E esse é um ponto crucial que retorna no último ensaio, trazido no apêndice deste livro.

"*Experimentum vocis*", "Sobre o conceito de exigência", "Sobre o dizível e a ideia", "Sobre escrever proêmios" e "Apêndice – A música suprema. Música e política" são os cinco textos que compõem *O que é a filosofia?* e que, obviamente, procuram dar respostas à pergunta colocada no título. Cinco ensaios e cinco argumentos tratados: voz, exigência, dizer e ideia, proêmio e música. A presença e a repetição da preposição "sobre" e o momento do apêndice são duas pistas de como Agamben se depara e reage à questão: *O que é a filosofia?* De

---

[9] Uma discussão sobre a comédia encontra-se também no primeiro capítulo de outro livro de Giorgio Agamben, *Categorias italianas* (trad. Carlos Eduardo Capela e Vinícius Nicastro Honesko, Florianópolis, Editora da UFSC, 2014).

* Trad. Carlos Alberto Nunes, 4. ed., Belém, Editora da UFPA, 2016. (N. E.)

fato, como se vê ao se percorrer estas páginas, o pensamento filosófico é um fazer que se enxerta na pergunta, mas que, entretanto, não acaba por se exaurir numa resposta pontual e final. Na verdade, ele se expande, ganha outras extensões – para retomar um termo que será usado num importante trecho –, alcançando outros âmbitos e colocando outras perguntas e questionamentos. É nesse sentido que podem ser lidos o terceiro ensaio, dedicado a escrever proêmios, e o último, posto como "Apêndice". Se proêmio, como sabemos, é a parte que introduz uma obra (um poema, uma oração, um discurso), como os da *Ilíada** de Homero, do *Orlando furioso*** de Ariosto, ou o primeiro livro do *Convívio*, que é um proêmio de todo o tratado dantesco, e o apêndice é uma parte acrescida, acessória a um todo, percebe-se como a resposta certeira escapa e não interessa recuperá-la enquanto tal. Se o pensamento filosófico deve ser uma abertura, uma extensão que se difunde em diferentes áreas, ele não pode se encerrar no ponto final de uma resposta. Tanto o proêmio como o apêndice são outros espaços do limiar.

"*Experimentum vocis*", o primeiro ensaio, retoma pesquisas anteriores, aprofundando e expandindo o que já havia sido

---

* Trad. Carlos Alberto Nunes, Rio de Janeiro, Nova Fronteira, 2016. (N. E.)
** Trad. e notas Pedro Garcez Ghirardi, Campinas/São Paulo, Editora Unicamp/Ateliê, 2011. (N. E.)

trabalhado em "*Experimentum linguae*"*. Para Agamben, o ser humano, além de "animal político", é aquele que nunca renunciou à linguagem, entendendo aqui a linguagem não essencialmente gramática, mas sobretudo o elemento fundamental da antropogênese política. Por isso, ele se distancia e afirma que é preciso ir além das reduções da linguagem como código sem pensamento: para tal, também questiona a transcrição nas letras das afeições da alma de Aristóteles. É com Platão, portanto, na esteira da indivisibilidade da voz, o *factum loquendi*, que ele segue em sua problematização. A voz é, assim, trazida como problema filosófico, recuperando também a tradição estoica. Como ele aponta, nenhum alfabeto é capaz de nos ensinar a pronunciar um signo se não existe uma voz a ele associada. Afastando-se das colocações de Derrida em *Gramatologia*, para Agamben não é a voz, e sim a letra que a transcreve que domina e obstaculiza o pensamento[10]: "A metafísica é sempre já gramatologia, e esta é fundamentologia, no sentido de que, a partir do momento em que o λόγος tem lugar no não lugar da φωνή, cabe à letra e não à voz a função de fundamento ontológico negativo". Não a voz, mas aquilo que nela está. A letra não é, então, simplesmente um signo, mas é um elemento da voz, sendo o que na voz a torna inteligível.

---

* Em *Infância e história* (trad. Henrique Burigo, Belo Horizonte, Editora UFMG, 2005). (N. E.)

[10] Pensando em outros estudos do próprio Agamben, as reflexões sobre o espanhol José Bergamín não deixam de ser, nesse sentido, pertinentes e interessantes.

16 O que é a filosofia?

Propondo um olhar arqueológico sobre essa questão, passando por Platão, Aristóteles, Scotus, Benveniste[11] e Wittgenstein, Agamben coloca a voz no centro da questão, pois ela a todo momento se subtrai do tecido das regras linguísticas que tentam capturá-la. A relação voz-letra é assim subvertida na voz--subjetividade, a saber, lá onde voz e linguagem estão em contato, sem uma mediação da letra (*grammata*), dá-se um sujeito que, por sua vez, é testemunha desse contato. Retomando o *Timeu** de Platão, Agamben vai construindo um percurso no qual a voz não é puro som nem discurso significante, mas um inexprimível que se coloca entre a ausência de sensação e o raciocínio sem significado ("raciocínio bastardo"). No final, é inevitável o elo entre filosofia e poesia, pois uma vive na outra, sendo a primeira busca e comemoração da voz e a segunda amor e busca pela língua. Filosofia e poesia, então, pois uma vive na outra, já que a experiência propriamente poética da palavra se realiza no pensamento e a experiência pensante da língua se realiza na poesia. Poderíamos lembrar neste ponto de algumas passagens de Clarice Lispector que parecem operar isso em sua escrita, quando ela mesma se questiona, "Atrás do

---

[11] Agamben trata da cisão apontada por Benveniste entre semiótico e semântico, e o que lhe interessa é o paradoxo insuperável, uma vez que não há uma passagem entre eles, a saber, há o hiato. E é nesse hiato, entre nome e discurso, semiótico e semântico, que se coloca a voz.

* Em *Diálogos* (trad. Carlos Alberto Nunes, Belém, Editora da UFPA, 1986). (N. E.)

atrás do pensamento"¹², dando quase uma cambalhota *com* e *na* língua. E ainda:

> Esse pedaço de coisa dentro do escrínio é o segredo do cofre. E o próprio cofre também é feito do mesmo segredo, o escrínio onde se encontra a joia do mundo, também o escrínio é feito do mesmo segredo [...] é a mim que caberá impedir-me dar nome à coisa. O nome é um acréscimo, e impede o contato com a coisa. O nome da coisa é um intervalo para a coisa.¹³

Com "*Experimentum vocis*" que não deixa de continuar tecendo considerações já trazidas em "A coisa mesma", "Tradição do imemorável", "*Se. O absoluto e o Ereignis" (todos os três de *A potência do pensamento**) e em "*Experimuntum linguae*" (que é o prefácio à edição francesa de *Infância e história*), Agamben coloca como lugar de origem da filosofia a dimensão da linguisticidade. E, com isso, a reflexão sobre a língua parece estar sempre em curso, porque ela é inalcançável justamente pelo fato de se encontrar sempre em processo. O problema da voz ganha outra amplitude, então, uma vez que nela está em questão a própria natureza humana.

> E um ser muito frágil é não apenas a linguagem, mas também o sujeito que nela se produz e ao qual cabe, de algum modo,

---

[12] Clarice Lispector, *Água viva* (São Paulo, Círculo do Livro, 1973), p. 78.
[13] Idem, *A paixão segundo GH* (Rio de Janeiro, Rocco, 1998), p. 139-40.
* Trad. António Guerreiro, Belo Horizonte, Autêntica, 2015. (N. E.)

solucioná-la. Uma subjetividade, de fato, nasce toda vez que o vivente encontra a linguagem, toda vez que diz "eu". Mas exatamente por ter sido gerado nela e por meio dela é que é tão árduo para o sujeito alcançar seu próprio acontecimento. Por outro lado, a linguagem – a língua – só vive e se anima quando um locutor a assume em um ato de palavra.
A filosofia ocidental nasce do corpo a corpo entre esses dois seres muito frágeis que consistem e têm lugar um no outro, e um no outro naufragam incessantemente – e, por isso, procuram obstinadamente se alcançar e se compreender.[14]

O segundo ensaio deste livro, "Sobre o conceito de exigência", seguindo Platão, mas também Espinosa, é dedicado a esse conceito que é a possibilidade de a matéria se tornar todas as formas do ser. A matéria não é um mero instrumento, não é um substrato, mas é a *possibilidade* de existência das formas. Do mesmo modo, então, que não há matéria que não seja a possibilidade de uma forma, não há silêncio apartado que se contraponha à linguagem. A discussão sobre "exigência" já estava presente em *O uso dos corpos* e num pequeno texto, "To Whom Poetry is Addressed?"[15], publicado na revista *New Observations*, e vai na direção do entendimento de que vida é forma, que muda e se gera vivendo. Nessa linha, é descartada uma apropriação

---

[14] Ver p. 45 deste volume.
[15] Giorgio Agamben, "To Whom Poetry is Addressed?", *New Observations*, n. 130, 2015, p. 10-1.

dos modos de ser, uma vez que para o ser eles são uma exigência; em outras palavras, o ser se desdobra, precisamente, nos modos de ser. Mas é sobretudo em *O tempo que resta*[16] e em *Bartleby ou da contingência*[17] – e, se quisermos ir escavando, podemos chegar a Benjamin e Kafka – que o filósofo traz esse conceito, que implica uma relação entre o que foi e o que é, e sua possibilidade. É o real a exigir sua própria possibilidade. Daí que o ser é uma exigência dos modos de ser, assim como os modos de ser são uma exigência do ser. A experiência e a subjetividade parecem, mais uma vez, centrais, já que o ser que deseja e exige, exigindo modifica, deseja e constitui a si mesmo, como se lê em *O uso dos corpos*. E, por isso, na onto-logia a existência consiste no limiar que une e, ao mesmo tempo, separa o ôntico e o lógico, a existência e a essência. Percorrendo textos de Platão, Espinosa, Leibniz, Benjamin e são Paulo, Agamben afirma:

> A exigência é a condição de complicação extrema de um ser, que implica em si todas as possibilidades. Isso significa que ela se mantém numa relação privilegiada com a ideia, que, na exigência, as coisas são contempladas *sub quadam aeternitatis specie*. Como quando contemplamos a pessoa amada enquanto dorme. Ela está ali – mas como que suspensa de todos os seus atos,

---

[16] Idem, *O tempo que resta* (trad. Davi Pessoa e Claudio Oliveira, Belo Horizonte, Autêntica, 2016).

[17] Idem, *Bartleby ou da contingência* (trad. Vinícius Nicastro Honesko e Tomaz Tadeu, Belo Horizonte, Autêntica, 2015).

> envolvida e recolhida em si. Assim como a ideia, ela está e, ao mesmo tempo, não está. Está diante dos nossos olhos, mas para que estivesse de verdade teríamos de acordá-la e, com isso, a perderíamos. A ideia – a exigência – é o sono do ato, a dormição da vida. Todas as possibilidades estão reunidas agora numa única complicação, que depois a vida explicará progressivamente – em parte, já explicou. Mas, juntamente com o proceder das explicações, cada vez mais se adentra e se complica a ideia em si. Essa é a exigência que permanece ilibada em todas as suas realizações, o sono que não conhece despertar.[18]

Por isso, o ser é uma pura exigência entre linguagem e mundo. E aqui se encontra o elo com o próximo ensaio "Sobre o dizível e a ideia", pois a exigência do dizível e da ideia como puro "ter lugar", a partir da leitura da *Sétima carta* de Platão – texto ainda pouco explorado – e afastando-se daquela de Aristóteles, coloca em questão alguns pontos nodais da história da filosofia. A hipótese sugerida é a de que os estoicos "substituem a ideia pelo dizível, ou – pelo menos – situam o dizível no lugar da ideia"[19].

Agamben mostra que tanto a ideia como o dizível não estão nem na mente nem nas coisas sensíveis, nem no pensamen-

---

[18] No fragmento intitulado "Ideia de amor", encontramos essa relação no viver na intimidade de um ser estranho. Ver Giorio Agamben, *Ideia de prosa* (trad. João Barrento, Belo Horizonte, Autêntica, 2012). Outros fragmentos desse livro possuem uma conexão inevitável com as reflexões destas páginas.

[19] Ver p. 95 deste volume.

to nem no objeto, mas *entre* eles. Ideia e dizível se mostram no puro "ter lugar" da linguagem em relação aos corpos sensíveis. A inadequada leitura aristotélica da ideia como "universal", a partir também de uma atenta leitura do *Timeu*, dá lugar então à relação entre ideia e nominação – e talvez aqui exista mais um eco dos escritos benjaminianos sobre a língua. E se, na leitura que propõe Agamben, a ontologia começa, para Platão, somente no plano dos nomes, o que na exigência do *experimentum* é confiado à filosofia é precisamente a contemplação das ideias nos nomes. A forma como a filosofia ocidental pensou a significação – considerando nesse processo pelo menos três elementos: o nome que é dado a algo; o conceito mental que explicita o significado desse nome; o objeto extramental ao qual se refere – é, assim, questionada, e abre a discussão para se pensar a "ideia" platônica como o "dizível" – por meio de Agostinho, "não é exatamente uma palavra (*verbum est nec tamen verbum*), mas é o que *da* palavra (*ex verbo*) se percebe com o espírito. A situação aporética do dizível entre o significado e a coisa é aqui evidente"[20]. Lemos ainda num outro trecho de Agamben aspectos que nos fazem lembrar das palavras do fragmento de Clarice Lispector:

> o dizível é uma categoria não linguística, mas genuinamente ontológica. A eliminação do indizível na linguagem coincide

---

[20] Ver p. 93 deste volume.

com a exposição do dizível como tarefa filosófica. Por isso, o dizível nunca pode se dar, assim como o indizível, antes ou depois da linguagem: vem junto com ela e permanece, todavia, irredutível a ela.[21]

Essa arqueologia que vai sendo perfilada, esse gesto de escavação dos textos que aos poucos vai tomando seu rumo, realizado por um leitor mais do que atento, singular, é também parte da busca pela resposta (sempre em aberto) à interrogação do título.

Se a nomeação da ideia é algo pressuposto da linguagem, aqui está colocada a relação com o proêmio, uma vez que a filosofia tem a ver com aquela escrita que a precede. Desse modo, a ideia da obra que o pensamento escreve não deixa de ser uma obra da ideia. E é nesse sentido que no quarto ensaio, "Sobre escrever proêmios", é dito que a "escrita filosófica só pode ter uma natureza proemial e epilogal", isto é, "ela não tem a ver com o que pode ser dito por meio da linguagem, mas [...] com o puro dar-se da linguagem como tal"[22]. É o traço aporético, a saber, a tentativa de expor e fazer experiência do "evento de palavra" que constitui nossa humanidade. Nesse sentido, é possível dizer que falamos sempre dentro e por meio da linguagem e, falando desse ou daquele argumento, esque-

---

[21] Ver p. 84 deste volume.
[22] Ver p. 178 deste volume.

cemos todas as vezes o simples fato de que estamos falando da linguagem. Por isso,

> o que se consegue dizer da linguagem é somente prefácio ou postila e os filósofos se distinguem segundo o que preferem [...] atendo-se ao momento poético do pensamento (a poesia é sempre anúncio) ou ao gesto de quem, por último, repousa a lira e contempla. Em todo caso, o que se contempla é o não dito, a dispensa da palavra coincide com seu anúncio.[23]

É no último ensaio, "A música suprema. Música e política", colocado no "Apêndice", que Agamben explicita ainda mais o raio político das colocações feitas até aqui. A primeira afirmação desse texto é: "A filosofia só pode dar-se hoje como reforma da música", uma vez que música é a experiência da Musa, ou seja, "a da origem e do ter lugar da palavra" – por isso, "a música expressa e governa a relação dos homens com o acontecimento da palavra"[24]. Na música é expresso algo que na linguagem não pode ser dito: "Como é imediatamente evidente quando se toca ou se escuta música, o canto celebra ou lamenta antes de tudo uma impossibilidade de dizer, a impossibilidade – dolorosa ou alegre, hínica ou elegíaca – de acessar o acontecimento da palavra que constitui os homens como humanos"[25]. A Musa – a música – marca assim a cisão entre homem e linguagem, entre

---

[23] Ver p. 178 deste volume.
[24] Ver p. 179 deste volume.
[25] Ver p. 179-80 deste volume.

voz e logos, e possui uma função fundamental entre homem e logos. Dirá Agamben:

> Os gregos sabiam perfeitamente o que fingimos ignorar, isto é, que é possível manipular e controlar uma sociedade não somente pela linguagem, mas, sobretudo, pela música. Assim como igual e mais eficaz do que o comando do oficial é, para o soldado, o toque do trompete ou o bater do tambor, em qualquer âmbito e antes de qualquer discurso, também os sentimentos e os estados de espírito que precedem a ação e o pensamento são determinados e orientados musicalmente.[26]

Talvez seja essa a questão que Giorgio Agamben em seus livros escritos e não escritos persegue obstinadamente, a saber, o que significa "há linguagem" e "eu falo"? Questionamentos que já animavam o prefácio de 1989 da edição francesa de *Infância e história* e que, se pararmos e prestarmos atenção, também são fundamentais na reflexão do projeto *Homo Sacer*[27]. Na verdade, o que está em jogo é a centralidade que a linguagem tem

---

[26] Ver p. 186 deste volume.
[27] Sem sombra de dúvida a década de 1980 é fundamental para as reflexões aqui presentes; além dos textos já mencionados, parece-nos fundamental lembrar os encontros realizados em Florença entre outubro de 1982 e fevereiro de 1983, "Fonè, la voce e la traccia" [Fonè, a voz e o rastro], dos quais participaram Jacques Derrida, Giorgio Agamben, Francesco Leonetti, Stefano Agosti, ao lado de poetas como Andrea Zanzotto, Mario Luzi, entre outros. O texto de Agamben "La fine del pensiero" [O fim do pensamento], antecedido por três poemas de Giorgio Caproni, toca em pontos mais que relevantes para a discussão mais ampla aqui feita.

em nossas vidas, nas nossas relações, no mundo, sobretudo, a *experiência* que dela se faz, seu ter-lugar.

Se a antropogênese é um processo histórico, sempre em curso, e se no problema da voz (como apontado no primeiro ensaio) está em questão a natureza humana, a reflexão sobre a linguagem – seu uso, seu ter-lugar e a experiência que dela se faz – não pode ser vista de forma separada e alheia.

Num mundo em que, justamente, essa experiência é a todo instante colocada em xeque, uma vez que a linguagem parece girar em falso, por meio de automatismos, mecanicismos que ficam impressos em jargões que se repetem como discos arranhados, tornando-se mais um dispositivo (talvez o maior) de dessubjetivação, reformar a música se torna uma exigência do pensar. E é precisamente nessa linha que o problema da voz é essencialmente político, porque nele se inscreve o que é humano e o que não é humano. Do mesmo modo que a vida natural do homem é a toda vez incluída no político através da vida nua, a linguagem humana se funda por meio de um processo de inclusão e exclusão da voz no logos. De fato, e a linguagem é construída historicamente, é algo que nos determina, mas, ao mesmo tempo, nós a operamos e modificamos. Com isso, pode-se afirmar que o homem é o ser vivo que fez uma operação sobre sua própria voz, que, separando-a, foi capaz de exteriorizá-la e dominá-la. Nenhum animal se coloca em jogo na linguagem, o homem o faz.

A filosofia, portanto, não é vista aqui em amarras como uma disciplina com objeto e fronteiras definidos, mas é sobretudo uma *intensidade*, capaz de mover as coisas, como o próprio Agamben afirmou certa vez em uma entrevista: algo semelhante ao vento, às nuvens ou a uma tempestade; uma *intensidade* que de repente sacode, perturba, transforma.

Se o pensamento é aquela abertura que se dá toda vez que se acessa a experiência do princípio musaico da palavra (aqui, a relação com as Musas), então o que se coloca é a incapacidade de se pensar no nosso tempo, marcado por uma linguagem que parece quase sempre girar em falso. Daí que, seguindo a sugestão de Hannah Arendt, é preciso barrar o fluxo insensato de frases e sons. A tagarelice estrídula que nos rodeia, com sua imediaticidade e automatismo, produz uma música ensurdecedora que desvia do choque com seu próprio limite. "A uma linguagem sem margens nem fronteiras corresponde uma música não mais musaicamente afinada, e a uma música que deu as costas para a própria origem corresponde uma política sem consistência nem lugar"[28]. Por isso, colocar-se o problema do transcendente significa, enfim, "ter uma faculdade" – retomando "*Experimuntum linguae*", perguntar-se qual é a gramática do verbo poder. E a única possibilidade de resposta é, exatamente, uma experiência da linguagem.

---

[28] Ver p. 192 deste volume.

Nesse sentido, a publicação de *O que é a filosofia?*, traduzido ao longo de 2019-2020 e publicado em 2021, num Brasil tomado por discursos tagarelas, barulhentos, que não deixam tempo aos silêncios, a um ruído outro, é sem dúvida uma exigência urgente. O palavrear descontrolado, violento, sem nenhum cuidado e atenção para o dar-se da linguagem (seu "enlace musaico", tessitura e dança musical do sentido), é uma ameaça à nossa língua, que padece, e ao pensamento, que definha. A tormenta em nosso território – espera-se passageira, mas deixará muitos escombros – é completamente desprovida de qualquer intensidade, aliás, é uma tormenta que sabota e reproduz formas para que a música estrídula permaneça e desencante nossos ouvidos.

> A nossa sociedade – em que a música parece penetrar freneticamente em todo lugar – é, na realidade, a primeira comunidade humana não musaicamente (ou amusaicamente) afinada. A sensação de depressão e apatia geral só faz registrar a perda de nexo musaico com a linguagem, fantasiando de síndrome médica o eclipse da política que é seu resultado. [...] Os homens políticos atuais não são capazes de pensar, porque tanto sua linguagem quanto sua música giram musaicamente em falso [...] parar esse fluxo para restituí-lo a seu lugar musaico é hoje, por excelência, a tarefa filosófica.[29]

Andrea Santurbano
Patricia Peterle

---

[29] Ver p. 193-4 deste volume.

Advertência

Em que sentido os cinco textos aqui reunidos contêm uma ideia da filosofia, que responde de algum modo à pergunta do título deste livro, ficará evidente – se ficar – somente a quem os ler com espírito de amizade. Como foi dito, quem escreve numa época que, com razão ou não, lhe parece bárbara deve saber que suas forças e capacidade de expressão não crescem por causa disso, mas antes diminuem e se desgastam. Dado, no entanto, que não pode fazer diferente e o pessimismo lhe é por natureza estranho – aliás, nem se vê como capaz de se lembrar com certeza de um tempo melhor –, o autor só pode contar com quem terá experimentado essas suas mesmas dificuldades – nesse sentido, os amigos.

Contrariamente aos quatro últimos textos, que foram escritos entre 2014 e 2016, "*Experimentum vocis*" recupera e desenvolve numa nova direção apontamentos da segunda metade dos anos 1980, que pertencem, portanto, ao mesmo contexto em que nasceram "A coisa mesma", "Tradição do imemorável" e "*Se. O Absoluto e o *Ereignis*" (reunidos em 2005 em *A potência do pensamento*) e "*Experimentum linguae*", reeditado como prefácio da nova edição italiana de *Infância e história* (2001)*.

---

* Giorgio Agamben, *A potência do pensamento* (trad. António Guerreiro, Belo Horizonte, Autêntica, 2015); *Infância e história* (trad. Henrique Burigo, Belo Horizonte, Editora UFMG, 2005). (N. T.)

Experimentum vocis

1.

É fato sobre o qual nunca deveríamos nos cansar de refletir que – apesar de ter havido em todos os tempos e lugares sociedades cujos hábitos nos parecem bárbaros ou, de alguma forma, inaceitáveis e grupos, mais ou menos numerosos, de homens dispostos a questionar cada regra, cada cultura e cada tradição; apesar, além disso, de terem existido e existirem sociedades inteiramente criminosas e de não haver, de resto, nenhuma norma e nenhum valor sobre cuja validade os homens consigam estar unanimemente de acordo –, não há, contudo, e jamais houve uma comunidade ou sociedade ou grupo que tenha decidido renunciar pura e simplesmente à linguagem. Não que os riscos e os danos implícitos no uso da linguagem não tenham sido percebidos várias vezes ao longo da história: comunidades religiosas e filosóficas, tanto no Ocidente quanto no Oriente, praticaram o silêncio – ou, como diziam os céticos, a "afasia" –, mas silêncio e afasia eram apenas uma prova para um uso melhor da linguagem e da razão, e não uma renúncia incondicional àquela faculdade de falar que, em qualquer tradição, parece inseparável do humano.

Assim, frequentemente nos interrogamos sobre a maneira como os homens começaram a falar, propondo acerca da origem da linguagem hipóteses manifestamente incontroláveis e desprovidas de rigor; mas nunca nos perguntamos por que eles continuam a falar. No entanto, a experiência é simples: é sabido que a criança, se não é exposta de algum modo à linguagem nos seus onze primeiros anos de vida, perde irreversivelmente a capacidade de adquiri-la. Fontes medievais nos informam que Frederico II teria tentado um experimento desse tipo, mas o objetivo era totalmente diferente: não a renúncia à transmissão da linguagem, mas sim o desejo de saber qual era a língua natural da humanidade. O resultado do experimento é suficiente por si só para destituir as fontes em questão de qualquer credibilidade: as crianças, cuidadosamente privadas de qualquer contato com a língua, teriam espontaneamente falado o hebraico (ou, segundo outras fontes, o árabe).

Que esse experimento nunca mais tenha sido tentado, não apenas nos campos de concentração nazistas mas também nas comunidades utópicas mais radicais e inovadoras, que ninguém – nem mesmo entre aqueles que não teriam hesitado em tirar a própria vida – jamais tenha ousado assumir a responsabilidade de privar o homem da linguagem, isso parece provar, além de qualquer dúvida, o elo infrangível que parece ligar a humanidade à palavra. Na definição que quer que o homem seja o vivente que possui a linguagem, o elemento determinante não é, segundo toda evidência, a vida, mas a língua.

No entanto, os homens não saberiam dizer o que para eles estaria em questão na linguagem enquanto tal, no simples fato de falarem. Apesar de perceberem mais ou menos obscuramente quão inútil seria usar a palavra da forma como costumam fazê-lo, na maioria das vezes à toa e sem nada para dizer um ao outro, ou para se fazerem mal, continuam obstinadamente a falar e a transmitir a seus filhos a linguagem, sem saber se é o bem supremo ou a pior das desventuras.

2.

Vamos partir da ideia do incompreensível, de um ser totalmente sem relação com a linguagem e a razão, absolutamente indiscernível e irrelativo. Como pôde nascer semelhante ideia? De que forma podemos pensá-la? Porventura um lobo, um porco-espinho, um grilo poderiam tê-la concebido? Diríamos nós que o animal se move num mundo que para ele é incompreensível? Como ele não reflete sobre o indizível, seu ambiente não lhe pode parecer como tal: tudo ali acena para ele e fala com ele, tudo se deixa selecionar e integrar, e o que não lhe diz respeito de forma alguma é para ele simplesmente inexistente. De resto, a mente divina não conhece por definição o impenetrável, seu conhecimento não encontra limites, tudo – mesmo o humano, mesmo a matéria inerte – é para ela inteligível e transparente.

Devemos, portanto, olhar para o incompreensível como se fosse uma aquisição exclusiva do *homo sapiens*, para o indizível como se fosse uma categoria que pertence unicamente à linguagem humana. O caráter específico dessa linguagem consiste em que ela estabelece uma relação particular com o ser de que fala, independentemente de como o tenha nomeado e qualificado. Qualquer coisa que nomeemos e concebamos, somente pelo fato de ter sido nomeada, já é, de algum modo, pré-suposta à linguagem e ao conhecimento. É essa a intencionalidade fundamental da palavra humana, que já está sempre em relação com algo que pressupõe como irrelativo.

Toda posição de um princípio absoluto ou de um além do pensamento e da linguagem tem de contar com esse caráter pressuponente da linguagem: sendo sempre relação, refere-se a um princípio irrelativo que é ele próprio a pressupor como tal (ou seja, nas palavras de Mallarmé: "o Verbo é um princípio que se desenvolve por meio da negação de todo princípio" – isto é, por meio da transformação do princípio em pressuposto, do ἀρχή em hipótese). E é esse o mitologema originário e, ao mesmo tempo, a aporia com que se choca o sujeito falante: a linguagem pressupõe um não linguístico, e esse irrelativo é pressuposto, porém, ao se lhe atribuir um nome. A árvore pressuposta no nome "árvore" não pode ser expressa *na* linguagem, pode-se somente falar *sobre* ela a partir de seu ter nome.

Mas então em que pensamos quando pensamos um ser totalmente sem relação com a linguagem? Quando o pensamento busca alcançar o incompreensível e o indizível, na verdade, ele busca precisamente alcançar a estrutura pressuponente da linguagem, sua intencionalidade, seu estar em relação com algo que se supõe existente fora da relação. E um ser totalmente sem relação com a linguagem, podemos pensá-lo apenas por meio de uma linguagem sem nenhuma relação com o ser.

3.

É na estrutura da pressuposição que se articula a trama de ser e linguagem, mundo e palavra, ontologia e lógica que constitui a metafísica ocidental. Com o termo "pressuposto" designamos aqui o "sujeito" em seu significado original: o *sub-iectum*, o ser que, jazendo antes e no fundo, constitui aquilo sobre o qual – sobre cuja pré-su-posição – se fala e se diz e que não pode, por sua vez, ser dito sobre nada (a πρώτη οὐσία ou o ὑποκείμενον de Aristóteles). O termo "pressuposto" é pertinente: ὑποκεῖσθαι vale, de fato, como perfeito passivo de ὑποτῐθέναι, literalmente "pôr sob", e ὑποκείμενον significa, portanto, "o que, tendo sido su-posto, jaz como fundamento de uma predicação". Nesse sentido, Platão, interrogando-se sobre a significação linguística, podia escrever: "Para cada um desses nomes é pressuposta (ὑπόκειται) uma substância particular (οὐσία)" (*Protag.* 349b) e "os nomes primitivos, para os quais de forma alguma são pressupostos outros nomes (οἷς οὔπω ἕτερα ὑπόκειται), de que modo eles nos manifestarão os entes?" (*Crat.* 422d). O ser é o que é pressuposto para a linguagem (para o nome que o manifesta), aquilo sobre cuja pressuposição se diz o que se diz.

A pressuposição, então, expressa a relação originária entre linguagem e ser, entre os nomes e as coisas, e a pressuposição primeira é a de que haja uma tal relação. A posição de uma relação entre a linguagem e o mundo – a posição da pré-suposição – é a prestação constitutiva da linguagem humana tal como a filosofia ocidental a concebeu: a onto-logia, o fato de que o ser é dito e de que o dizer se refere ao ser. Somente com base nessa pressuposição são possíveis a predicação e o discurso: ela é o "sobre o qual" da predicação entendida como λέγειν τι κατά τινος, dizer algo sobre algo. O "sobre algo" (κατά τινος) não é homogêneo ao "dizer algo", mas expressa e ao mesmo tempo esconde o fato de que, nele, foi já sempre pressuposto o nexo onto-lógico de linguagem e ser – isto é, a linguagem leva sempre a algo e não fala inutilmente.

4.

A trama de ser e linguagem assume a forma constitutiva da pressuposição nas *Categorias* de Aristóteles. Como os comentaristas antigos compreenderam perfeitamente no momento de definir o objeto do livro (isto é, se ele concerne às palavras, aos entes ou aos conceitos), Aristóteles, nas *Categorias*, não trata nem simplesmente das palavras, nem somente dos caracteres, nem apenas dos conceitos, mas "dos termos enquanto significam os entes por meio dos conceitos". Nas palavras de um comentarista árabe:

> A investigação lógica concerne aos objetos enquanto designados por meio dos termos [...] o lógico não se ocupa da substância ou do corpo, enquanto está separado da matéria ou enquanto está em movimento ou possui um tamanho e uma dimensão, mas sobretudo enquanto é designado por um termo, por exemplo "substância".

O que está em questão nesse "enquanto", o que acontece ao ente em virtude do fato de ser designado por um nome, é – ou deveria ser – o tema da lógica. Mas isso significa que o lugar específico das *Categorias* e de toda lógica é a implicação de linguagem e ser – a onto-lógica – e não é possível separar lógica de ontologia. O ente enquanto ente (ὂν ᾗ ὄν) e o ente enquanto dito ente são inseparáveis.

Somente essa implicação permite compreendermos a ambiguidade da οὐσία πρώτη, da substância primeira na *Metafísica* aristotélica, ambiguidade que a tradução latina de οὐσία por *substantia* fixou e transmitiu como herança à filosofia ocidental e que esta não conseguiu resolver. Apenas porque nela está em questão a estrutura ontológica da pressuposição, a οὐσία πρώτη, que se refere inicialmente a uma singularidade, pode tornar-se *substantia*, o que "está sob" as predicações, o "dizer algo sobre algo". Mas qual é a estrutura dessa implicação? Como é possível que uma existência singular se torne o substrato sobre cujo pressuposto se diz o que se diz?

O ser não é pressuposto porque é sempre já dado ao homem numa espécie de intuição pré-linguística; é antes a linguagem que é articulada – isto é, cindida – de maneira a ter sempre já encontrado e pressuposto no nome o ser que lhe é dado. Ou seja, o *prae-* e o *sub-* pertencem à própria forma da intencionalidade, da relação entre ser e linguagem.

5.

No estatuto dúplice da οὐσία πρώτη como existência singular e substância, reflete-se a articulação dupla da linguagem, que é sempre já cindida em nome e discurso, *langue* e *parole*, semiótico e semântico, sentido e denotação. A identificação dessas diferenças não é uma descoberta da linguística moderna, mas é a experiência constitutiva da reflexão grega sobre o ser. Se já Platão opõe com clareza o plano do nome (ὄνομα) ao do discurso (λόγος), o fundamento sobre o qual repousa o rol aristotélico das categorias é a distinção entre os λεγόμενα ἄνευ συμπλοκῆς, aquilo que é dito sem uma conexão ("homem", "boi", "corre", "ganha"), e os λεγόμενα κατὰ συμπλοκήν, o discurso como conexão de termos ("o homem caminha", "o homem ganha", *Cat.* I a 16-19). O primeiro plano corresponde à língua (a *langue* de Saussure, o semiótico de Benveniste), enquanto distinta do discurso em ato (a *parole* de Saussure, o semântico de Benveniste).

Estamos tão acostumados à existência de um ente chamado "língua", já nos é tão familiar o isolamento de um plano da significação distinto do discurso em ato, que não nos damos conta de que nessa distinção vem à tona, pela primeira vez, uma estrutura fundamental da linguagem humana que a diferencia de qualquer outra linguagem e somente a partir da qual se torna possível algo como uma ciência e uma filosofia. Se

Platão e Aristóteles foram considerados os fundadores da gramática, é porque a reflexão de um e outro sobre a linguagem colocou as bases para que mais tarde os gramáticos pudessem construir, mediante análise do discurso, o que denominamos língua e interpretar o ato de palavra, que é a única experiência real, como a execução de um ente de razão chamado língua (a língua grega, a língua italiana etc.).

Apenas porque repousa sobre essa cisão fundamental da linguagem, o ser está sempre já dividido em essência e existência, *quid est* e *quod est*, potência e ato: a diferença ontológica funda-se em primeiro lugar na possibilidade de se distinguir um plano da língua e dos nomes, que não se diz num discurso, de um plano do discurso, que se diz na pressuposição daquele primeiro. E o problema último com o qual toda reflexão metafísica deve confrontar-se é o mesmo que constitui o obstáculo no qual toda teoria da linguagem corre o risco de naufragar: se o ser que é dito está sempre já cindido em essência e existência, potência e ato, e a linguagem que o diz está sempre já dividida em língua e discurso, sentido e denotação, como é possível a passagem de um plano a outro? E por que o ser e a linguagem são assim constituídos de forma a comportar originariamente esse hiato?

6.

A antropogênese não se deu de uma vez, instantaneamente, com o acontecimento da linguagem, o primata do gênero *Homo* tornando-se falante. Ao contrário, foi necessário um processo paciente, secular e obstinado de análise, interpretação e construção daquilo que está em jogo nesse acontecimento. Para que algo como a sociedade ocidental pudesse nascer, foi necessário primeiro compreender – ou resolvermos compreender – que o que falamos, o que fazemos quando falamos, é uma língua e que essa língua é formada por vocábulos que – por uma virtude que só pode ser explicada por hipóteses totalmente inverossímeis – se referem ao mundo e às coisas. Isso implica que, no fluxo ininterrupto de sons produzidos com a ajuda de órgãos emprestados, em sua maioria, de outros sistemas funcionais (ligados sobretudo à alimentação), sejam reconhecidas primeiro as partes dotadas de significação autônoma (μέρη τῆς λέξεως, os vocábulos) e, nestas, os elementos (στοιχεῖα, as letras) indivisíveis, de cujas combinações se formam aquelas partes. A civilização que conhecemos funda-se, antes de tudo, numa "interpretação" (ἑρμηνεία) do ato da palavra, no "desenvolvimento" de possibilidades cognitivas que se consideram contidas e "implicadas" na língua. Por isso, o tratado aristotélico *De interpretatione* (Περὶ ἑρμηνείας), que começa justamente com a tese de que o que fazemos ao falar é uma conexão significante de palavras, letras, conceitos e coisas, teve uma função determinante na história do pensamento ocidental; por isso, a gramática, que é agora ensinada nas escolas primárias, foi e, em certa medida, é ainda a disciplina fundacional do saber e do conhecimento. (É supérfluo lembrar, ao lado do epistêmico-cognitivo, também o significado político da reflexão gramatical: se o que os homens falam é uma língua e se não há uma língua única, mas muitas, então corresponderá à pluralidade das línguas uma pluralidade de povos e comunidades políticas).

7.

Reflita-se sobre a natureza paradoxal do ente de razão chamado língua (dizemos "ente de razão", pois não está claro se ele existe na mente, nos discursos em ato ou somente nos livros de gramática e nos dicionários). Ele foi construído mediante uma análise paciente e minuciosa do ato da palavra, supondo-se que só se possa falar sob a pressuposição de uma língua e que as coisas sejam sempre já nomeadas (mesmo sendo impossível explicar como e por quem – a não ser de forma mitológica) num sistema de signos que se refere potencialmente e não apenas atualmente às coisas. A palavra "árvore" pode denotar a árvore num ato discursivo, enquanto se pressupõe que o vocábulo "árvore", tomado em si antes e além de qualquer denotação atual, signifique "árvore". Isto é, a linguagem teria a capacidade de suspender seu próprio poder denotativo no discurso para significar as coisas de modo puramente virtual na forma de um léxico. Essa é a diferença entre *langue* e *parole*, semiótico e semântico, sentido e denotação que já evocamos e que separa irrevogavelmente a linguagem em dois planos distintos e, contudo, misteriosamente comunicantes.

O nexo entre essa cisão linguística e a cesura ontológica "potência/ato", δύναμις/ἐνέργεια, por meio da qual Aristóteles divide e articula o plano do ser, é ainda mais evidente se lembrarmos que, já em Platão, um dos significados fundamentais do termo δύναμις é "valor semântico de uma palavra". À articulação da significação linguística em dois planos distintos corresponde o movimento ontológico da pressuposição: o *sentido* é uma pressuposição da denotação e a *langue* é uma pressuposição da *parole*, assim como a essência é uma pressuposição da existência e a potência uma pressuposição do ato. Mas exatamente nesse ponto tudo se complica. Sentido e denotação, língua e discurso jazem, de fato, em dois planos diferentes e nenhuma passagem parece levar de um a outro. Falar é possível somente sob a pressuposição de uma língua, mas dizer num discurso o que na língua foi "chamado" e nomeado, isso é impossível. É a oposição insuperável entre semiótico e semântico na qual naufragou o pensamento extremo de Benveniste ("O mundo do signo é fechado. Do signo à oração não há transição [...] um hiato os separa") ou, em Wittgenstein, a oposição de nomes e proposição ("Os objetos, só posso nomeá-los. Sinais substituem-nos. Só posso falar sobre eles, não posso enunciá-los"*). Tudo o que conhecemos sobre a língua nós aprendemos a partir da palavra, e tudo o que compreendemos da palavra nós entendemos a partir da língua; entretanto, a interpretação (ἑρμηνεία) do ato de palavra por meio da língua, que torna possível o saber e o conhecimento, leva em última instância a uma impossibilidade de falar.

8.

Corresponde a essa estrutura pressuponente da linguagem a particularidade de seu modo de ser, que consiste no fato de ela ter de se retirar para que a coisa nomeada seja. É essa a natureza da linguagem que Scotus tem em mente quando define a relação como *ens debilissimum* e acrescenta que é por isso que é tão difícil de conhecê-la. A linguagem é ontologicamente muito débil, no sentido de que não pode desaparecer na coisa que nomeia, caso contrário, ao invés de designá-la e desvendá-la, serviria de obstáculo à sua compreensão. E, todavia, precisamente nisso reside sua potência específica – no permanecer

---

* Ludwig Wittgenstein, *Tractatus logico-philosophicus* (trad. Luiz Henrique Lopes dos Santos, 3. ed., São Paulo, Edusp, 2010), p. 151. (N. E.)

impercebida e não dita naquilo que nomeia e diz. Pois, como escreve Mestre Eckhart, se a forma pela qual conhecemos uma coisa fosse ela própria alguma coisa, ela nos levaria ao conhecimento de si e nos desviaria do conhecimento da coisa. O risco de ser percebida como uma coisa e de nos separar daquilo que deveria revelar permanece, contudo, até o fim consubstancial com a linguagem. Não poder dizer a si, enquanto diz outra coisa, seu estar sempre estaticamente no lugar do outro é a assinatura inconfundível e, ao mesmo tempo, a mancha original da linguagem humana.

E um ser muito frágil é não apenas a linguagem, mas também o sujeito que nela se produz e ao qual cabe, de algum modo, solucioná-la. Uma subjetividade, de fato, nasce toda vez que o vivente encontra a linguagem, toda vez que diz "eu". Mas exatamente por ter sido gerado nela e por meio dela é que é tão árduo para o sujeito alcançar seu próprio acontecimento. Por outro lado, a linguagem – a língua – só vive e se anima quando um locutor a assume em um ato de palavra.

A filosofia ocidental nasce do corpo a corpo entre esses dois seres muito frágeis que consistem e têm lugar um no outro, e um no outro naufragam incessantemente – e, por isso, procuram obstinadamente se alcançar e se compreender.

9.

Precisamente porque o ser se dá na linguagem, mas a linguagem permanece não dita naquilo que diz e manifesta, o ser destina-se e desvela-se para os falantes numa história epocal. O poder historicizante e cronogenético do λόγος é função de sua estrutura pressuponente e de sua debilidade ontológica. Enquanto se esconde naquilo que revela, o revelante constitui o ser como aquilo que se desvenda historicamente, permanecendo inatingível e ilibado em cada um de seus desvelamentos epocais. E, enquanto a língua é, nesse sentido, um ser histórico, a ἑρμηνεία que domina há dois milênios a filosofia ocidental é uma interpretação da linguagem que, tendo-a separado em *langue* e *parole*, sincronia e diacronia, nunca pôde resolvê-la de uma vez por todas. E, assim como o ser e a linguagem permanecem pressupostos no seu desenvolvimento histórico, da mesma forma a pressuposição determina a maneira como o Ocidente tem pensado a política. A comunidade que está em questão na linguagem é de fato pressuposta na forma de um *a priori* histórico ou de um fundamento: que se trate de uma substância étnica, de uma língua ou de um contrato, em todo caso o comum assume o semblante de um passado inatingível, o qual define o político como um "estado".

Muitos sinais sugerem que essa estrutura fundamental da ontologia e da política do Ocidente tenha esgotado sua força vital. Formulando tematicamente a obviedade segundo a qual "o ser que pode ser compreendido é linguagem", o pensamento do século XX não fez senão reivindicar aquela inerência da linguagem "a cada relação ou atividade natural do homem, a seu sentir, intuir, desejar e a cada uma de suas necessidades e a cada um de seus instintos" que o idealismo alemão já havia afirmado e trazido para a consciência sem reservas. Nessa perspectiva, não é certamente mera coincidência o fato de o nascimento da gramática comparada e a hipótese do indo-europeu serem contemporâneos da filosofia de Hegel, de o último volume da *Ciência da lógica**, aliás, ter sido publicado no mesmo ano (1816) do *Konjugationssystem* [Sistema de conjugação], de Franz Bopp. O indo-europeu – que os linguistas reconstruíram (ou, antes, produziram) mediante uma paciente análise morfológica e fonológica das línguas históricas – não é uma língua homogênea às outras, mas somente mais antiga: é algo como uma *langue* absoluta, que ninguém nunca falou nem poderá falar, mas constitui, enquanto tal, o *a priori* histórico e político do Ocidente que garante a unidade e a recíproca inteligibilidade de suas inúmeras línguas e de seus inúmeros povos. Assim como Hegel afirmou que o destino histórico da humanidade chegara a seu cumprimento e que as potências

---

* Georg Wilhelm Friedrich Hegel, *Enciclopédia das ciências filosóficas em compêndio: a ciência da lógica* (trad. Paulo Meneses e Pe. José Machado, 3. ed., São Paulo, Loyola, 2018). (N. E.)

históricas da religião, da arte e da filosofia se dissolveram no absoluto, da mesma forma na construção do indo-europeu se cumpria o processo que levou o Ocidente à plena tomada de consciência das potências cognitivas contidas em sua língua.

Por isso, a linguística torna-se entre os séculos XIX e XX a disciplina-guia das ciências humanas e, por isso, seu súbito exaurir-se e naufragar na obra de Benveniste corresponde a uma mutação epocal no destino histórico do Ocidente. O Ocidente, que realizou e cumpriu a potência que inscrevera na língua, tem de abrir-se agora para uma globalização que marca, ao mesmo tempo, seu triunfo e seu fim.

10.

Podemos agora propor uma hipótese sobre a origem da linguagem não mais mitológica do que outras (as hipóteses na filosofia possuem necessariamente um caráter mítico, isto é, são sempre "narrativas", e o rigor do pensamento consiste justamente em reconhecê-las como tais, em não as confundir com princípios). O primata, que se tornaria *Homo sapiens*, era sempre já provido – como todos os animais – de uma linguagem, com certeza diferente, mas talvez não muito dissemelhante da que conhecemos. O que aconteceu é que o primata do gênero *Homo*, numa determinada altura – que coincide com a antropogênese –, tomou consciência de possuir uma língua, ou seja, separou-a de si e exteriorizou-a fora de si como um objeto, para depois começar a considerá-la, analisá-la e elaborá-la num processo incessante – no qual se sucederam, com altos e baixos, a filosofia, a gramática, a lógica, a psicologia, a informática – e o qual talvez ainda não esteja acabado. E, porque expulsara de si sua própria linguagem, o homem teve de aprender a transmiti-la para si – diferentemente dos outros animais – exossomaticamente, de mãe para filho, de forma que, no decorrer das gerações, a língua se dividiu babelicamente e se transformou progressivamente de acordo com os tempos e os lugares. E, tendo ele separado de si a língua para confiá-la a uma tradição histórica, para o homem falante vida e linguagem, natureza e história dividiram-se e, ao mesmo tempo, articularam-se uma com a outra. A língua, que havia sido expulsa para fora, foi reinscrita na voz mediante os fonemas, as letras e as sílabas, e a análise da língua coincidiu com a articulação da voz (a φωνὴ ἔναρθρος, a voz articulada do homem oposta à voz inarticulada do animal).

Isso significa que a linguagem não é nem uma invenção do homem nem um dom divino, mas um meio-termo entre os dois, localizado numa zona de indiferença entre natureza e cultura, endossomático e exossomático (corresponde a essa bipolaridade a cisão da linguagem humana em língua e palavra, semiótico e semântico, sincronia e diacronia). Isso significa também que o homem não é simplesmente *Homo sapiens*, mas principalmente *Homo sapiens loquendi*, o vivente que não simplesmente fala, mas *sabe* falar, no sentido de que o saber da língua – inclusive em sua forma mais elementar – deve necessariamente anteceder qualquer outro saber.

O que está acontecendo agora sob os nossos olhos é que a linguagem, que fora exteriorizada como a coisa – isto é, segundo a etimologia, a "causa" – por excelência da humanidade, parece ter cumprido seu percurso antropogenético e querer voltar à natureza da qual provém. Ao esgotar-se do projeto da gramática comparada – isto é, do saber que tinha de garantir a inteligência da língua – seguiu-se o afirmar-se da gramática generativa, isto é, de uma concepção de língua cujo horizonte não é mais histórico e exossomático, mas sim, em última análise, biológico e inatístico. E a valorização da potência histórica da língua parece ser substituída pelo projeto de uma informatização da linguagem humana que a fixa num código comunicativo que lembra antes o das linguagens animais.

11.

Compreende-se, então, por que a linguagem humana é atravessada desde a origem por uma série de cisões sem precedentes em nenhuma outra linguagem animal. Referimo-nos à fratura nomes/discurso, já clara para os gregos (ὄνομα/λόγος em Platão, λεγόμενα ἄνευ συμπλοκῆς/λεγόμενα κατὰ συμπλοκήν em Aristóteles, *Cat.*, I a 16-18) e para os romanos (*nominum impositio/declinatio* em Varrão, *De ling. lat.*, VIII, 5-6), até aquelas que, de algum modo, a ela correspondem, entre *langue* e *parole* em Saussure e entre semiótico e semântico em Benveniste. O homem falante não inventa os nomes nem estes nascem dele como uma voz animal: ele só pode recebê-los por uma transmissão exossomática e um ensino; no discurso, ao contrário, os homens se entendem sem necessidade de explicações. Essa cisão em dois planos da linguagem tem como consequência uma série de aporias: por um lado, a linguagem não pode resolver sua relação com o mundo, que é condicionado pelos nomes (e o significado dos nomes, escreve Wittgenstein, precisa ser explicado para que possamos compreendê-los)[1]; por outro, nas palavras de Benveniste, não há passagem do plano semiótico dos nomes ao semântico das proposições, de tal forma que o ato de palavra resulta impossível.

Reflita-se sobre o caráter particular do acontecimento antropogenético do qual essas fraturas são consequência: o homem tem acesso à sua própria natureza – à linguagem, que o define

---

[1] Ludwig Wittgenstein, *Tractatus logico-philosophicus e Quaderni 1914-1916* [1921] (trad. Amadeo G. Conte, Turim, Einaudi, 1997), 4.026 [ed. bras.: *Tractatus logico-philosophicus*, trad. Luiz Henrique Lopes dos Santos, 3. ed., São Paulo, Edusp, 2010].

como ζῷον λόγον ἔχον e *animal rationale* – apenas historicamente, isto é, por uma transmissão exossomática. Com efeito, se esse acesso lhe é impedido, ele perde a faculdade de aprender a linguagem e apresenta-se como um ser não exatamente ou não ainda humano (pense-se nos *enfants sauvages* e nos meninos-lobos que tanto inquietaram a Idade das Luzes). Isso significa que no homem – isto é, no vivente que tem acesso à sua natureza somente através da história – humano e inumano estão um diante do outro sem nenhuma articulação natural e que algo como uma civilização só pode nascer a partir da invenção e da construção de uma articulação histórica entre eles. A atuação específica da filosofia e da reflexão gramatical será a de identificar e construir na voz o lugar dessa articulação.

Não foi por acaso que a coleção dos escritos lógicos de Aristóteles, isto é, a primeira e mais ampla interpretação da língua como "instrumento" de conhecimento, recebeu o título de Ὄργανον, que significa tanto um instrumento técnico como uma parte do corpo. Aristóteles, no início de Περὶ ἑρμηνείας (*De int.* 16a 3 e seg.), ao referir-se à linguagem, serve-se, de fato, da expressão τὰ ἐν τῇ φωνῇ, "o que está na voz", e não simplesmente, como poderíamos esperar e como escreverá logo depois, φωναί, os vocábulos ("o que está na voz", ele escreve, é símbolo das impressões da alma – παθήματα ἐν τῇ φωνῇ – e as letras escritas são símbolos do "que está na voz"). A linguagem está na voz, mas não é a voz: está no lugar e em lugar dela. Por isso Aristóteles, na *Política* (1253a 10-18), opõe explicitamente à φωνή animal, que é imediatamente signo do prazer e da dor, o λόγος humano, que pode manifestar o justo e o injusto, o bem e o mal, e está na base da comunidade política. A antropogênese coincidiu com uma cisão da voz animal e com o situar-se do λόγος no lugar próprio da φωνή. A linguagem tem lugar no não lugar da voz e essa situação aporética é o que a torna mais próxima do vivente e, ao mesmo tempo, separada dele por uma distância intransponível.

12.

Uma análise da situação particular do λόγος na φωνή – e, portanto, da relação entre a voz e a linguagem – é condição preliminar para compreendermos a maneira pela qual o Ocidente pensou a linguagem, o ser falante do vivente homem. Isso significa que o objetivo do tratado aristotélico *De interpretatione* não era apenas o de assegurar o nexo entre as palavras, os conceitos e as coisas, mas antes – situando a linguagem na voz – o de assegurar o nexo entre o vivente e sua língua. A análise da língua pressupõe uma análise da voz.

Os antigos comentaristas já se haviam questionado sobre o sentido da expressão τὰ ἐν τῇ φωνῇ. Amônio, ao se perguntar por que Aristóteles escreveu "o que está na voz é símbolo das afeições na alma", respondia que o filósofo disse "o que está na voz", e não "as vozes" (φωναί), para "mostrar que dizer voz é uma coisa, dizer nome e verbo é outra, e que o ser símbolo por convenção não cabe à voz nua (τῇ φωνῇ ἀπλῶς), mas ao nome e ao verbo; por natureza (φύσει), nos é dado emitir sons (φωνεῖν), assim como ver e ouvir, mas os nomes e os verbos são, ao contrário, produzidos por nossas inteligências, utilizando a voz como matéria (ὕλῃ κεχρημένα τῇ φωνῇ)"[2]. Não cabe à voz animal ("à voz nua") – sugere Amônio, que parece seguir fielmente a intenção de Aristóteles –, mas à linguagem, que é formada de nomes e verbos, a capacidade de significar (por convenção, não por natureza) as coisas; e, no entanto, a linguagem tem lugar na voz, o que é por convenção habita naquilo que é por natureza.

No *De interpretatione*, após ter descrito o plexo semântico entre a linguagem, as afeições da alma, as letras e as coisas, Aristóteles interrompe bruscamente a dissertação, remetendo ao seu livro *Da alma* ("disso se falou no livro *Da alma*, pois se trata de outra questão – ἄλλης γὰρ πραγματείας", *De int.* 16a 9). Lá ele definira a voz como "som emitido por um ser animado (ψόφος ἐμψύχου)", especificando que "nenhum ser inanimado emite uma voz, e é somente por

---

[2] Amônio de Hérmias, *Ammonii in Aristotelis: De interpretatione commentarius* (ed. Adolfus Busse, Berlim, Reimer, 1897), p. 22.

similitude que são ditos emitirem uma voz, como a flauta e a lira" (*De an.* 420b 5). Poucas linhas depois, a definição é repetida e circunstanciada: "A voz é, portanto, som emitido pelo vivente (ξῴου ψόφος), mas não com qualquer parte. Dado que cada som é produzido pela batida de algo sobre algo ou em algo, isto é, sobre o ar, por conseguinte só emitem voz aqueles viventes que recebem em si o ar" (ibidem, 14-16). Essa definição não deve tê-lo deixado satisfeito, pois, neste ponto, ele anuncia uma nova, que exerceria uma influência determinante na história da reflexão sobre a linguagem: "Nem todo som do vivente é voz, como dissemos (de fato, é possível emitir um som com a língua ou também tossindo), mas é preciso que aquele que bate seja animado e acompanhado de alguma imaginação (μετὰ φαντασίας τινός). A voz é de fato um som significante (σημαντικὸς ψόφος)..." (ibidem, 29-32).

Se o que diferencia a linguagem da voz é seu caráter semântico (isto é, seu estar associado a afeições na alma, aqui denominadas imaginações), Aristóteles não especifica o que constitui a voz animal em linguagem significante. E aqui intervêm em função determinante as letras (γράμματα), que o *De interpretatione* elencava no plexo semântico somente como signos do que está na voz. As letras não são simplesmente signos, mas sim elementos (στοιχεῖα, o outro termo grego para designar as letras) da voz, que a tornam significante e compreensível.

A letra (στοιχεῖον) – afirma com clareza a *Poética* – é uma voz indivisível, mas não uma voz qualquer, e sim aquela pela qual uma voz se torna inteligível (συνθετὴ γίγεσθαι φωνή). Há também vozes indivisíveis dos animais, mas nenhuma defino como letras. As partes da voz inteligível são a vogal (φωνῆεν), a semissoante (ἡμί) e a muda (ἄφωνον). (*Poét*. 1456b 22-25)

A definição é reafirmada na *Metafísica*: "Elementos (στοιχεῖα) da voz são aquilo de que a voz é composta (σύγκειται) e as últimas partes em que ela é divisível" (ibidem, 1014a 26) e nos *Problemas*:

os homens produzem muitas letras (γράμματα), os outros viventes nenhuma ou, no máximo, duas ou três consoantes. As consoantes combinadas com as vogais formam o discurso. A linguagem (λόγος) não é um significar com a voz, mas com determinadas afeições (πάθεσιν) dela. As letras são afeições da voz. (*Probl*. X, 39, 895a 7 e seg.)

Os escritos sobre os animais sublinham a função da língua e dos lábios na produção das letras: "A linguagem, por meio da voz, é composta de letras (ἐκ τῶν γραμμάτων σύγκειται) e, se a língua não fosse feita como é, e, se os lábios não fossem úmidos, não seria possível proferir a maior parte das letras, pois algumas derivam dos golpes da língua e da conjunção dos lábios" (*De part. anim*. 659b 30 e seg.). Com uma palavra que os gramáticos constituiriam como verdadeiro termo técnico de sua ciência, essa inscrição constitutiva das letras na voz é definida como "articulação" (διάρθρωσις): "Voz (φωνή) e som (ψόφος) são diferentes e terceira, além deles, é a linguagem (λόγος)... A linguagem é a articulação da voz com a língua (γλώττη). A voz e a faringe emitem as vogais, a língua e os lábios as consoantes. E delas produz-se a linguagem" (*Hist. anim.* 535 e seg.).

Se voltarmos agora ao enunciado que abre o *De interpretatione*, podemos dizer que Aristóteles define ali uma ἑρμηνεία, um processo de interpretação que se realiza entre o que está na voz, as letras, as afeições da alma, e as coisas: mas a função determinante – a que torna a voz significante – cabe justamente às letras, o hermeneuta derradeiro e primeiro é o γράμμα.

13.

Reflita-se sobre a operação determinante para a história da cultura ocidental que, sob a aparência de uma descrição que se tornou óbvia pelo tempo, se realiza nesses escritos. Φωνή e λόγος, voz animal e linguagem humana, são distintos, mas coincidem localmente no homem, no sentido de que a linguagem se produz mediante uma "articulação" da voz, que não é senão a inscrição nela das letras (γράμματα), às quais cabe o estatuto privilegiado de serem, ao mesmo tempo, signos e elementos (στοιχεῖα) da voz (nesse sentido, a letra é índice de si própria, *index sui*). A definição aristotélica foi recebida pelos gramáticos antigos, que entre o primeiro e o segundo século da nossa época atribuíram caráter de ciência sistemática às observações dos filósofos. Também os gramáticos começam sua exposição a partir da definição da voz, fazendo distinção entre a "voz confusa" (φωνὴ συγκεχυμένη) dos animais e a "voz articulada" (φωνὴ ἔναρθρος, *vox articulata*) do homem. Mas, se perguntarmos, neste ponto, em que consiste o caráter articulado da voz humana, os gramáticos responderão que φωνὴ ἔναρθρος significa simplesmente φωνὴ ἐγγράμματος, ou seja, na tradução latina, *vox quae scribi potest o quae litteris comprehendi potest*, voz escrevível, "gramatizada", que pode ser compreendida por meio das letras. A voz confusa é aquela não escrevível dos animais ("o relincho do cavalo, a raiva dos cães, o rugido das feras"), ou também aquela parte da voz humana que não se pode escrever, "como o riso, o assobio ou o soluço" (aos quais se poderia acrescentar o aspecto tímbrico da voz, que o ouvido percebe, mas não pode formalizar numa escrita).

A voz articulada não é, portanto, senão φωνὴ ἐγγράμματος, voz que foi transcrita e com-preendida – isto é, capturada – por meio das letras. Ou seja, a linguagem humana se constitui mediante uma operação sobre a voz animal, que inscreve nela como elementos (στοιχεῖα) as letras (γράμματα). Encontramos de novo aqui a estrutura da *exceptio* – da exclusão inclusiva – que torna possível a captura da vida na política. Assim como a vida natural do homem é incluída na política mediante sua própria exclusão na forma da vida nua, a linguagem humana (que funda, aliás, a comunidade política, segundo Aristóteles, *Pol.* 1253a 18) realiza-se mediante uma exclusão-inclusão da "voz nua" (φωνῇ ἁπλῶς, nas palavras de Amônio) no λόγος. Desse modo, a história se arraiga na natureza, a tradição exossomática na endossomática, a comunidade política na natural.

א No começo da *Gramatologia*, Jacques Derrida, logo após ter enunciado o programa de reivindicação da escrita contra o privilégio da voz, cita o trecho do *De interpretatione* em que Aristóteles afirma "o elo original" e a "proximidade essencial" entre a voz e o λόγος, que definem a metafísica ocidental: "Se, para Aristóteles, 'os sons emitidos pela voz' (τά ἐν τῇ φωνῇ) são os símbolos dos estados da alma (παθήματα ἐν τῇ φωνῇ) e as palavras escritas são os símbolos das palavras emitidas pela voz, é porque a voz, produtora dos símbolos primeiros, tem uma relação de proximidade essencial e imediata com a alma"[3]. Se nossa análise da situação das letras na voz está correta, isso significa que a metafísica ocidental põe em seu lugar original o γράμμα e não a voz. A crítica derridiana da metafísica fundamenta-se, então, numa leitura insuficiente de Aristóteles, que omite o questionamento justamente do estatuto original do γράμμα no *De interpretatione*. A metafísica

---

[3] Jacques Derrida, *De la grammatologie* (Paris, Minuit, 1967), p. 22-3 [ed. bras.: *Gramatologia*, trad. Miriam Chnaiderman e Renato Janine Ribeiro, 2. ed., São Paulo, Perspectiva, 2016].

é sempre já gramatologia, e esta é fundamentologia, no sentido de que, a partir do momento em que o λόγος tem lugar no não lugar da φωνή, cabe à letra, não à voz, a função de fundamento ontológico negativo.

14.

Podemos perceber aqui a incidência fundamental da escrita alfabética na nossa cultura e na maneira como ela concebeu nossa linguagem. Somente a escrita alfabética – cuja invenção os gregos atribuíam aos dois heróis civilizadores Cadmo e Palamedes – pode, de fato, gerar a ilusão de ter capturado a voz, de tê-la com-preendida e transcrita nos γράμματα. Para se ter plena consciência da importância fundadora, em todos os sentidos, da captura da língua, que se tornou possível graças à escrita alfabética e à sua ἑρμηνεία por parte dos filósofos e, em seguida, dos gramáticos, é preciso livrar-se da representação ingênua – fruto de dois milênios de educação gramatical – segundo a qual as letras seriam perfeitamente reconhecíveis na voz como se fossem seus elementos.

Nada é mais instrutivo, nessa perspectiva, do que a história daquela parte da gramática – a fonética – que trata da análise dos sons da linguagem (enquanto, precisamente, "voz articulada"). A fonética moderna concentrou-se, num primeiro momento, na análise dos γράμματα, de acordo com sua modalidade de articulação, diferenciando-os em labiais, dentais, palatais, velares, labiovelares, laríngeos etc., com tamanha minúcia descritiva que um fonetista, que também era médico, escreveu que, se um sujeito falante articulasse de fato um som laríngeo da maneira descrita nos tratados de fonética, isso o levaria à morte por sufocamento. A fonética articulatória entrou em crise quando ficou claro que, em caso de lesão do órgão de articulação, o falante era capaz de articular o som de acordo com outras modalidades.

Abandonando as análises dos sons de acordo com seu ponto de articulação, a fonética concentrou-se então em sua consistência estritamente acústica, conseguindo assim decompor e analisar o tecido sonoro da linguagem numa multiplicidade de dados cientificamente controláveis. Mas, quanto mais se apurava a análise da onda sonora produzida pela voz, mais se tornava impossível separar com clareza, um do outro, os elementos (os γράμματα-στοιχεῖα) que a tradição gramatical identificara. Já Saussure observara em 1916 que, se fosse possível reproduzir em filme os movimentos da boca, da língua e das cordas vocais do locutor produzindo aquela que nos aparece como a série de sons F-A-L, seria impossível separar os três elementos que a compõem, que se apresentam na realidade tão indissoluvelmente entrelaçados que não nos é possível isolar o ponto em que F termina e A começa. Um filme realizado em 1933 pelo fonetista alemão Paul Menzerath confirmou, inclusive do ponto de vista acústico, a observação de Saussure. No ato de palavra, os sons não se sucedem, mas imbricam-se e ligam-se tão intimamente que as unidades que acreditamos poder distinguir tanto no nível morfológico quanto no fonético constituem, na realidade, um fluxo perfeitamente contínuo.

A consciência da impossibilidade de distinguir os sons da linguagem, quer do ponto de vista articulatório, quer do acústico, tornou necessário o nascimento da fonologia, que separa claramente os sons da palavra (de que tratava a fonética) dos sons da língua (os fonemas, oposições imateriais puras, que são o objeto da fonologia). Com a quebra do vínculo entre língua e voz, que ficara de fora do pensamento antigo até a fonética dos neogramáticos, a autonomia da língua com relação ao ato de palavra torna-se evidente. Entretanto, se, por um lado, a fonologia assume o fato de que os γράμματα não são sinal e escrita da voz, por outro, ela mantém, por meio do fonema, uma espécie de arquigrama, puramente negativo e diferencial. Com isso, a dificuldade surgida da situação aporética do λόγος na φωνή não é resolvida, mas apenas reproposta no plano da impossível articulação entre *langue* e *parole* ou entre semiótico e semântico.

א O caráter inalcançável da voz humana e a inutilidade da tentativa de torná-la de algum modo compreensível por meio das letras já haviam sido observados por Platão, de quem depende, também nesse caso, a ἑρμηνεία aristotélica da linguagem e a situação do λόγος nos γράμματα. "Quando um deus ou um homem divino (no Egito existe um relato que diz que se tratava de Tote)", diz Sócrates no *Filebo*, "se deu conta de que a voz é infinita (φωνὴν ἄπειρον – ἄπειρον equivale literalmente a 'inexperimentável, impraticável, sem saída') e entendeu pela primeira vez que nesse inexperimentável (ἐν τῷ ἀπείρῳ) as vogais não são uma, mas muitas, e que há também outras coisas nelas que não pertencem exatamente à voz, mas também participam de determinado som e também dessas há um certo número, depois de ter se dado conta disso, separou um terceiro gênero de letras (γράμματων), as que agora dizemos mudas (ἄφωνα). Diferenciou em seguida entre elas, até chegar a cada unidade, essas letras mudas e sem som, e assim as vogais e as intermediárias entre vogais e mudas até atribuir a cada uma delas, uma vez descoberto seu número, o nome de στοιχεῖον. Vendo em seguida que ninguém poderia aprender uma só por si mesma, sem todas as outras, e tendo argumentado a partir disso que existe um vínculo (δεσμόν) unitário que de alguma forma as unifica a todas, aplicou a elas uma técnica que chamou de gramática" (*Phil*. 18b 5 – 18d 2).

Enquanto dessa inexperimentabilidade da voz Platão não deduz a necessidade dos γράμματα (aliás, no *Fedro* ele critica a invenção de Tote, acusada de provocar a perda da memória nos homens), mas sim a de uma teoria das ideias, Aristóteles, ao contrário, seguiu sem restrições o paradigma egípcio de Tote, eliminando assim, por serem redundantes, as ideias do plexo semântico.

15.

Se a antropogênese – e a filosofia que a rememora, guarda e reatualiza incessantemente – coincidem com um *experimentum linguae* que situa aporeticamente o λόγος na voz e se a ἑρμηνεία, a interpretação dessa experiência que dominou a história do Ocidente, parece ter alcançado seu limite, então o que não pode não estar hoje em questão no pensamento é um *experimentum vocis*, no qual o homem coloque de novo radicalmente em questão a situação da linguagem na voz e tente assumir, começando de novo, seu ser falante. O que chegou a se cumprir, de fato, não é a história natural da humanidade, mas aquela especialíssima história epocal em que a ἑρμηνεία da palavra como uma língua – isto é, como um emaranhado consciente de vocábulos, conceitos, coisas e letras, que, mediante os γράμματα, se realiza na voz – havia destinado o Ocidente. Cabe, portanto, interrogar sempre de novo a possibilidade e o sentido do *experimentum*, investigar seu lugar e sua genealogia para investigar se não há, em relação aos γράμματα e ao saber que se funda neles, outro modo de resolver a inexperimentabilidade da voz. Ele não é, na nossa cultura, um fenômeno excêntrico ou marginal, que, procurando dizer o que não se pode dizer, se enrola necessariamente em contradições; ele é, antes, a *própria coisa* do pensamento, o fato constitutivo daquilo que denominamos filosofia.

Nos mesmos anos em que formulava a fratura intransponível entre o semiótico e o semântico, Benveniste escrevia o ensaio sobre o "Aparelho formal da enunciação"*, no qual era investigada a capacidade da linguagem de se referir, pelos *shifters* "eu", "tu", "aqui", "agora", "este" etc., não a uma realidade lexical, mas ao próprio puro ter lugar. "Eu" não indica uma substância, mas a pessoa que pronuncia a instância de discurso que contém "eu", assim como "este" pode ser somente o objeto de "uma exibição simultânea à instância presente de discurso" e "aqui" e "agora" "delimitam a instância espacial e temporal contemporânea à instância de discurso que contém o pronome 'eu'". Não cabe aqui repercorrer essas análises merecidamente famosas, que transformaram a teoria tradicional dos pronomes e definiram de uma forma nova o problema filosófico do sujeito. Antes nos interessa aqui perguntar de que modo é possível entender a "contemporaneidade" e a "simultaneidade" entre o *shifter* e a instância do discurso (Jakobson também fala, a esse respeito, de uma "relação existencial" entre o pronome "eu" e "a enunciação") sem recorrer a uma voz. A enunciação e a instância de discurso só podem ser identificáveis como tais pela voz que as profere. Mas, enquanto se refere ao ter lugar do discurso, a voz que está em questão não pode ser a voz animal, mas, uma vez mais, a voz como algo que precisa necessariamente

---

* Émile Benveniste, *Problemas de linguística geral II* (trad. Eduardo Guimarães, 2. ed., Campinas, Pontes, 2006). (N. E.)

ser removido para que tenham lugar, em seu não ter lugar, os γράμματα e, com eles, o discurso. Ou seja, a enunciação situa o sujeito, aquele que diz "eu", "aqui", "agora", na articulação entre a voz e a linguagem, entre o "não mais" da φωνή animal e o "não ainda" do λόγος. É nessa articulação negativa que se situam as letras. A voz escreve-se, torna-se ἐγγράμματος, no ponto em que o sujeito, aquele que diz "eu", se dá conta de estar no lugar da voz. Por isso, como Hegel mostrou na *Fenomenologia do espírito**, é suficiente transcrever a certeza sensível que se afirma no pronome "este" e nos advérbios "aqui" e "agora" para vê-la desaparecer ("aqui" não é mais aqui, "agora" não é mais agora), para que a voz sobre a qual ela se fundava desapareça definitivamente. O edifício do saber ocidental repousa em última instância numa voz subtraída, no escrever-se de uma voz. Este é seu frágil e também seu tenaz mito fundador.

16.

É possível pensar a relação entre a voz e a linguagem de outra maneira que não seja pelas letras? Uma hipótese possível é sugerida por Amônio quando, em seu comentário, faz uma rápida menção à voz como matéria (ὕλη) da língua. Antes de

---

* Georg Wilhelm Friedrich Hegel, *Fenomenologia do espírito* (trad. Paulo Meneses, Karl-Heinz Efken e José Nogueira Machado, 8. ed., Petrópolis/Bragança Paulista, Vozes/Editora Universitária São Francisco, 2013). (N. E.)

tentar acompanhar essa hipótese, teremos de nos confrontar todavia com a tese, enunciada por J.-C. Milner, segundo a qual letra e matéria são sinônimos, pois a matéria – entendida no sentido da ciência moderna – é eminentemente *translittérable*, transcritível em letras[4]. Milner acrescenta a essa tese o corolário segundo o qual letra e significante são diferentes e foi exatamente sua indevida confusão o que levou Saussure, nos *Anagramas**, a atribuir à letra as propriedades do significante e, no *Curso***, ao significante as características da letra.

Podemos dizer assim, conforme Milner, que a operação de Aristóteles consiste em identificar a letra (γράμμα) com o significante, com o tornar-se semântica da φωνή. Com a condição de se acrescentar, contra a tese de Milner, que a matéria – pelo menos se a devolvermos ao paradigma platônico de uma χώρα, de um puro ter-lugar – nunca é, ao contrário, transliterável, nunca pode ser lida e escrita.

Consideremos, no *Timeu*, a definição do terceiro gênero do ser, ao lado do sensível e do inteligível, que Platão chama de χώρα. Ela é o receptáculo (ὑποδοχή) ou moldeira de impressão

---

[4] Jean-Claude Milner, *Libertés, lettre, matière* (Paris, Le Perroquet, 1985), p. 8.

* Jean Starobinski, *As palavras sob as palavras: os anagramas de Ferdinand de Saussure* (trad. Carlos Vogt, São Paulo, Perspectiva, 1974). (N. E.)

** Ferdinand de Saussure, *Curso de linguística geral* (org. Charles Bally e Albert Sechehaye, trad. Antônio Chelini, José Paulo Paes e Izidoro Blikstein, 28. ed., São Paulo, Cultrix, 2012). (N. E.)

(ἐκμαγεῖον) que oferece um lugar a todas as formas sensíveis, sem, porém, confundir-se com elas. Ela não é nem propriamente sensível nem propriamente inteligível, mas é percebida como em sonho "com um raciocínio bastardo, acompanhado por ausência de sensação". Se, prosseguindo com a analogia sugerida por Amônio, consideramos a voz como χώρα da língua, ela não estará então ligada gramaticalmente a esta nem numa relação de signo nem de elemento: ela é, antes, o que no ter-lugar do λόγος percebemos como irredutível a ele, como o inexperimentável (ἄπειρῳ) que incessantemente a acompanha e que, nem puro som nem discurso significante, percebemos no cruzamento entre eles com uma ausência de sensação e com um raciocínio sem significado. Abandonando qualquer mitologia fundadora, podemos então dizer que, enquanto χώρα e matéria, ela é uma voz que nunca foi escrita na linguagem, um in-escritível que, na incessante sucessão histórica da escrita gramatical, permanece obstinadamente tal. Entre o vivente e o falante não há nenhuma articulação. A letra – o γράμμα, que pretende se colocar como o ter-sido, como o vestígio da voz – não está na voz nem no lugar dela.

17.

O "antigo dissídio" (παλαιὰ διαφορά, *Resp.* 607b) entre poesia e filosofia precisa então ser pensado começando de novo nessa perspectiva. No pensamento do século XX, a separação entre esses dois discursos – e, junto, a tentativa de reuni-los – atingiu sua máxima tensão: se, por um lado, a lógica buscou purificar a língua de toda redundância poética, não faltaram, por outro, filósofos que invocaram a poesia lá onde parecia que os conceitos eram insuficientes. Não se trata, na realidade, nem de duas opções rivais nem de duas possibilidades alternativas e sem relação entre si, quase como se o falante pudesse escolher arbitrariamente uma ou outra: mais do que isso, poesia e filosofia representam duas tensões inseparáveis e irredutíveis dentro do campo único da linguagem humana e, nesse sentido, enquanto houver linguagem, haverá poesia e pensamento. Sua dualidade, de fato, é testemunho, mais uma vez, da cisão que, segundo nossa hipótese, se produziu na voz, no momento da antropogênese, entre o que restava da linguagem animal e a língua que se ia construindo no lugar dela como órgão do saber e do conhecimento.

A situação da língua no lugar da voz é causa, de fato, de outra cisão irredutível que atravessa a linguagem humana, aquela entre som e sentido, entre série fônica e musical e série semântica. Essas duas séries, que coincidiam na voz animal, separam-se a cada vez e opõem-se no discurso segundo uma tensão dúplice, invertida, de forma que sua coincidência é impossível e, ao mesmo tempo, irrenunciável. O que denominamos poesia e o que denominamos filosofia nomeiam as duas polaridades dessa oposição na linguagem. A poesia pode assim ser definida como a tentativa de tender ao máximo a um som puro, por meio da rima e do *enjambement*, das diferenças entre série semiótica e série semântica, som e sentido, φωνή e λόγος; a prosa filosófica poderá então aparecer, ao contrário, como tendente à satisfação deles em um puro sentido.

Contra essa *lectio facilior* de sua relação, é preciso, antes, lembrar que é decisivo para as duas o momento em que φωνή e λόγος, som e sentido, têm um contato – entendido o contato, com Giorgio Colli, não como um ponto de tangência, mas como o momento em que dois entes estão unidos (ou antes, separados) somente por uma ausência de representação. Se chamamos de *pensamento* esse momento de contato, podemos dizer então que poesia e filosofia estão na realidade uma dentro da outra, no sentido de que a experiência propriamente poética da palavra se cumpre no pensamento e a experiência propriamente pensadora da língua se realiza na poesia. A filosofia é, em suma, busca e comemoração da voz, assim como a poesia, de acordo com aquilo que os poetas não deixam de nos lembrar, é amor e busca da língua. A prosa filosófica, na qual som e sentido parecem coincidir no discurso, corre assim o risco de faltar com o pensamento, assim como a poesia, que não para de opor som e sentido, corre o risco de faltar com a voz. Por isso, conforme escreveu Wittgenstein, "a filosofia precisaria apenas ser poetada" (*"Philosophie dürfte man eigentlich nur dichten*")⁵, sob a condição de se acrescentar que a poesia precisaria apenas ser filosofada. A filosofia é sempre e constitutivamente filosofia da – genitivo subjetivo – poesia e a poesia é sempre e originariamente poesia da filosofia.

18.

Se chamamos de *factum loquendi* o fato da pura e simples existência da linguagem, independentemente de seu atestar-se nesta ou naquela língua, nesta ou naquela gramática, nesta ou naquela proposição significante, podemos dizer então que a linguística e a lógica modernas puderam se constituir como ciências somente deixando de lado, como pressuposto impensado, o *factum loquendi*, o simples fato de se falar, para tratar unicamente da linguagem enquanto descritível em termos de propriedades reais – isto é, por ser uma ou outra língua, por ter uma ou outra "gramática", por comunicar um ou outro conteúdo semântico. Nós falamos sempre no interior da linguagem e mediante a linguagem e, falando deste ou daquele assunto, pregando algo sobre algo, esquecemo-nos a cada vez do simples fato de que estamos falando a respeito dele. No instante da enunciação, todavia, a linguagem não se refere a

---

⁵ Ludwig Wittgenstein, *Vermischte Bemerkungen* (Frankfurt am Main, Suhrkamp, 1977), p. 58 [ed. port.: *Cultura e valor*, trad. Jorge Mendes, Lisboa, Edições 70, 1996].

nenhuma realidade lexical, tampouco ao texto do enunciado, mas somente ao seu acontecer. Ela faz referência apenas ao seu acontecer no retirar-se da voz, mantém-se numa relação negativa com a voz, que, segundo o mito, desaparecendo, faz com que ela aconteça.

Se isso é verdade, podemos então definir a tarefa da filosofia como a tentativa de expor e fazer experiência daquele *factum* que a metafísica e a ciência da linguagem se veem obrigadas a pressupor, de tomar consciência do simples fato de que se fala e que o acontecimento da palavra ocorre ao vivente na posição da voz, mas sem que nada o articule com ela. Lá onde voz e linguagem têm contato sem nenhuma articulação, nesse ponto acontece um sujeito, que é testemunho desse contato. O pensamento que queira se arriscar nessa experiência precisa situar-se resolutamente não apenas no hiato – no contato – entre língua e palavra, semiótico e semântico, mas também naquele entre φωνή e λόγος. O pensamento que – entre a palavra e a língua, a existência e a essência, a potência e o ato – se arrisca nessa experiência precisa aceitar encontrar-se a cada vez sem língua diante da voz e sem voz diante da língua.

Sobre o conceito de exigência

Sempre de novo a filosofia se depara com a tarefa de uma definição rigorosa do conceito de exigência. Essa definição é ainda mais urgente na medida em que podemos dizer, sem trocadilhos, que a filosofia exige essa definição e sua possibilidade coincide integralmente com essa exigência.

Se não houvesse exigência, mas apenas necessidade, não poderia haver filosofia. Não aquilo que nos obriga, mas o que exige de nós; não o ter-de-ser nem a simples realidade fatual, mas sim a exigência: esse é o elemento da filosofia. Mas também a possibilidade e a contingência, por efeito da exigência, se transformam e se modificam. Uma definição da exigência implica então, como tarefa preliminar, uma redefinição das categorias da modalidade.

Leibniz pensou a exigência como um atributo da possibilidade: *omne possibile exigiti existiturire*, "todo possível exige o existir". O que o possível exige é tornar-se real, a potência – ou a essência – exige a existência. Por isso, Leibniz define a existência como uma exigência da essência: "*Si existentia esset aliud quiddam quam essentiae exigentia, sequeretur ipsam habere quandam essentiam, seu aliquid novum superadditum rebus, de quo rursus quaeri potest, an haec essentia existat, et cur ista potius quam alia*" ("Se a existência fosse alguma coisa diferente da exigência da essência, disso se seguiria que ela também teria alguma essência, ou seja, algo que seria acrescentado às coisas; e então seria de novo possível se perguntar se essa essência, por sua vez, existe, e por que essa e não outra"). No mesmo sentido, Tomás de Aquino escrevia ironicamente que "da mesma forma que não podemos dizer que a corrida corre, tampouco podemos dizer que a existência existe".

A existência não é um *quid*, algo diferente com respeito à essência ou à possibilidade, é só uma exigência contida na essência. Mas como compreender essa exigência? Em um fragmento de 1689, Leibniz chama essa exigência de *existiturientia* (termo formado a partir do infinitivo futuro de *existere*) e é por meio dela que ele procura tornar compreensível o princípio de razão. A razão pela qual, em vez de nada, existe algo "consiste na prevalência das razões de existir (*ad existendum*) sobre aquelas de não existir, ou seja, se é lícito dizê-lo com uma palavra, na exigência de existir da essência (*in existiturientia essentiae*)". A raiz última dessa exigência é Deus ("por exigência de existir das essências – *existituritionis essentiarum* –, é preciso que exista uma raiz *a parte rei* e essa raiz só pode ser o ente necessário, fundo – *fundus* – das essências e fonte – *fons* – das existências, ou seja, Deus... Jamais, a não ser em Deus e por meio de Deus, as essências poderiam encontrar um caminho para a existência – *ad existendum*").

Um paradigma da exigência é a memória. Benjamin escreveu certa vez que, na lembrança, fazemos a experiência daquilo que parece absolutamente acabado – o passado – tornar-se de repente inacabado. Também a memória, na medida em que devolve o inacabamento ao passado e dessa forma o torna, de algum modo, ainda possível para nós, é algo semelhante a uma exigência. A posição leibniziana do problema da exigência encontra-se aqui revirada: não é o possível que exige existir, mas o real, o que já foi, é que exige sua própria possibilidade. E o que é o pensamento senão a capacidade de devolver possibilidade à realidade, de desmentir a falsa pretensão de que a opinião se fundamenta somente nos fatos? Pensar significa antes de mais nada perceber a exigência daquilo que é real de tornar-se de novo possível, ser justo não apenas com as coisas, mas também com suas lágrimas.

No mesmo sentido, Benjamin escreveu que a vida do príncipe Myškin exige permanecer inesquecível. Isso não significa que algo que foi esquecido exige agora voltar à memória: a exigência concerne ao inesquecível como tal, mesmo que todos o tenham esquecido para sempre. O inesquecível é, nesse sentido, a forma própria da exigência. E essa não é a pretensão de um sujeito, é uma condição do mundo, um atributo da substância – ou seja, nas palavras de Spinoza, algo que dela a mente concebe como constituinte de sua essência.

Portanto, a exigência é, como a justiça, uma categoria da ontologia e não da moral. Também não é uma categoria lógica, pois não implica seu objeto, como a natureza do triângulo implica que a soma de seus ângulos deve ser igual a dois ângulos retos. Ou seja, dir-se-á que uma coisa exige outra quando, havendo a primeira, também haverá a outra, sem que, contudo, a primeira a implique logicamente ou a contenha em seu próprio conceito e sem que, por isso, obrigue a outra a existir no plano dos fatos.

Dessa definição deveria seguir-se uma revisão das categorias ontológicas que os filósofos se abstêm de empreender. Leibniz atribui a exigência à essência (ou possibilidade) e faz da existência o objeto da exigência. Por isso, seu pensamento continua tributário do dispositivo ontológico, que divide no ser essência e existência, potência e ato, e vê em Deus seu ponto de indiferença, o princípio "existentificante" (*existentificans*), no qual a essência se faz existente. Mas o que é uma possibilidade que contém uma exigência? E como pensar a existência, se esta nada mais é do que uma exigência? E se a exigência for mais original do que a própria distinção entre essência e existência, possível e real? Se o próprio ser tiver de ser pensado como uma exigência, da qual as categorias da modalidade (possibilidade, contingência, necessidade) não são senão especificações inadequadas, que devem decididamente ser colocadas de novo em questão?

Do fato de que a exigência não é uma categoria moral segue-se que dela não pode proceder nenhum imperativo, ou seja, que ela não tem nada a ver com um ter-de-ser. Mas, com isso, a moral moderna, que se declara alheia à felicidade e ama apresentar-se na forma categórica de uma injunção, é condenada sem reservas.

Paulo define a fé (πίστις) como a existência (ὑπόστασις) das coisas esperadas. Ou seja, a fé fornece uma realidade e uma substância ao que não existe. Nesse sentido, a fé é semelhante a uma exigência, porém com a condição de especificar que não se trata da antecipação de uma coisa por vir (como para o devoto) que precisa ser realizada (como para o militante político): a coisa esperada já está completamente presente enquanto exigência. Por isso, a fé não pode ser uma propriedade do crente, mas uma exigência que não lhe pertence e lhe chega do exterior, das coisas esperadas.

Quando Spinoza define a essência como *conatus*, ele está pensando em algo como uma exigência. Por isso, na Proposição 7 da Parte III da Ética*: "*Conatus, quo unaquaeque res in suo esse perseverare conatur, nihil est praeter ipsius rei actualis essentia*", o termo *conatus* não deve ser traduzido, como acontece normalmente, por "esforço", mas por "exigência": "A exigência, por meio da qual cada coisa exige perseverar em seu ser, nada mais é do que sua essência atual". Que o ser exija (ou deseje: o escólio especifica que o desejo – *cupiditas* – é um dos nomes do *conatus*) significa que ele não se esgota na realidade fatual, mas contém uma exigência que vai além desta. O ser não é simplesmente, mas exige ser. E isso significa, mais uma vez, que o desejo não pertence ao sujeito, mas ao ser. Assim como quem sonhou uma coisa, na realidade, já a teve, o desejo também traz consigo sua satisfação.

A exigência não coincide nem com a esfera dos fatos nem com a dos ideais: ela é, principalmente, matéria, no sentido definido por Platão no *Timeu*, como um terceiro gênero do ser, entre a ideia e o sensível, "que oferece um lugar (χώρα) e uma sede para as coisas que chegam a ser". Por isso, tal como para a χώρα, também para a exigência pode-se dizer que a percebemos "com uma ausência de sensação" (μετ' ἀναισθησίας – não "sem sensação", mas "com uma anestesia") e com um "discurso bastardo e pouco crível": isto é, que ela tem a evidência

---

* Baruch Spinoza, *Ética* (trad. Grupo de Estudos Espinosanos, coord. Marilena Chaui, São Paulo, Edusp, 2015). (N. E.)

da sensação sem a sensação (como – diz Platão – acontece nos sonhos) e a inteligibilidade do pensamento, mas sem nenhuma definição possível. A matéria é, nesse sentido, a exigência que quebra a falsa alternativa entre o sensível e o inteligível, o linguístico e o não linguístico: existe uma materialidade do pensamento e da língua, assim como existe uma inteligibilidade na sensação. E é esse terceiro indeterminado que Aristóteles chama de ὕλη e os medievais de *silva*, "rosto incolor da substância" e "ventre incansável da geração", e sobre o qual Plotino diz que é como "uma marca do sem forma".

Devemos pensar a matéria não como um substrato, mas como uma exigência dos corpos: ela é o que um corpo exige e que nós percebemos como sua potência mais íntima. Compreende-se melhor, assim, o nexo que une desde sempre a matéria à possibilidade (por isso os platônicos de Chartres definiam a ὕλη como a "possibilidade absoluta, que tem todas as coisas implicadas em si mesma"): o que o possível exige não é passar ao ato, mas sim materializar-se, tornar-se matéria. É nesse sentido que devemos entender as teses escandalosas daqueles materialistas medievais como Amalrico de Bena e David de Dinant que identificavam Deus e a matéria (*yle mundi est ipse deus*): Deus é o ter lugar dos corpos, a exigência que os marca e materializa.

Assim como, segundo um teorema benjaminiano, o Reino messiânico só pode estar presente na história sob fórmulas ridículas e infames, no plano dos fatos a exigência se manifesta nos lugares mais insignificantes e segundo modalidades que, nas circunstâncias presentes, podem parecer desprezíveis e incôngruas. Com relação à exigência, todo fato é inadequado, todo contentamento é insuficiente. E não porque ela exceda toda possível realização, mas simplesmente porque nunca pode ser colocada no plano de uma realização. Na mente de Deus – ou seja, na condição da mente que corresponde à exigência como condição do ser – as exigências já estão satisfeitas por toda a eternidade. Na medida em que é projetado no tempo, o messiânico se apresenta como um outro mundo que exige existir neste mundo, mas só pode fazê-lo de forma paródica ou aproximada, como uma distorção, nem sempre edificante, do mundo. A paródia é, nesse sentido, a única expressão possível da exigência.

Por isso, a exigência encontrou uma expressão sublime nas beatitudes evangélicas, na tensão extrema que separa o Reino do mundo. "Bem-aventurados os pobres em espírito, pois deles é o Reino dos Céus. Bem-aventurados os mansos, pois possuirão a terra. Bem-aventurados os que choram, pois serão consolados [...] Bem-aventurados os perseguidos, pois deles é o Reino dos Céus. Bem-aventurados sereis vós, quando vos amaldiçoarem e perseguirem [...]"*. É significativo que, no caso privilegiado

---

* Mateus 5, 3-11. (N. E.)

dos pobres e dos perseguidos – ou seja, nas duas condições mais infames aos olhos do mundo –, o verbo esteja no presente: o reino dos céus está *aqui* e *agora* em relação aos que se encontram na situação mais distante dele. A estranheza da exigência diante de qualquer realização factual no futuro é aqui afirmada do modo mais puro: e, contudo, por isso mesmo, ela encontra agora seu verdadeiro nome. Ela é – em sua ausência – beatitude.

A exigência é a condição de complicação extrema de um ser, que implica em si todas as possibilidades. Isso significa que ela se mantém numa relação privilegiada com a ideia, que, na exigência, as coisas são contempladas *sub quadam aeternitatis specie*. Como quando contemplamos a pessoa amada enquanto dorme. Ela está ali – mas como que suspensa de todos os seus atos, envolvida e recolhida em si. Assim como a ideia, ela está e, ao mesmo tempo, não está. Está diante dos nossos olhos, mas para que estivesse de verdade teríamos de acordá-la e, com isso, a perderíamos. A ideia – a exigência – é o sono do ato, a dormição da vida. Todas as possibilidades estão reunidas agora numa única complicação, que depois a vida explicará progressivamente – que em parte já explicou. Mas, juntamente com o proceder das explicações, cada vez mais se adentra e se complica a ideia inexplicável em si. Essa é a exigência que permanece ilibada em todas as suas realizações, o sono que não conhece despertar.

Sobre o dizível e a ideia

1.

Não o indizível, mas o dizível constitui o problema com que a filosofia, toda vez, tem de lidar. O indizível, de fato, nada mais é que uma pressuposição da linguagem. Assim que há linguagem, a coisa nominada é pressuposta como o não linguístico ou o irrelativo com que a linguagem estabeleceu sua relação. Esse poder pressuponente é tão forte que imaginamos o não linguístico como algo de indizível e irrelativo que de algum modo procuramos alcançar como tal, sem perceber que desse modo não fazemos outra coisa senão tentar alcançar a sombra da linguagem. O indizível é, nesse sentido, uma categoria genuinamente linguística, que só um ser falante pode conceber. Por isso, Benjamin, na carta a Buber de julho de 1916, podia falar de uma "eliminação cristalina do indizível na linguagem": o indizível não tem lugar fora da linguagem como um pressuposto obscuro, mas, enquanto tal, somente *na* linguagem ele pode ser eliminado.

Buscaremos mostrar que, ao contrário, o dizível é uma categoria não linguística, mas genuinamente ontológica. A eliminação do indizível na linguagem coincide com a exposição do dizível como tarefa filosófica. Por isso, o dizível nunca pode se dar, assim como o indizível, antes ou depois da linguagem: vem junto com ela e permanece, todavia, irredutível a ela.

2.

Com este termo – *dizível*, λεκτόν – os estoicos designavam um elemento essencial de sua doutrina dos incorpóreos, sobre cuja definição, porém, os historiadores da filosofia não chegaram a um consenso. Antes de começarmos uma investigação sobre esse conceito, portanto, é melhor situá-lo primeiro no contexto filosófico que lhe cabe. Os estudiosos modernos, que tendem a projetar anacronicamente categorias e classificações modernas naquelas antigas, normalmente inscrevem esse conceito no âmbito da lógica. Entretanto, esses mesmos estudiosos sabem perfeitamente que a divisão da filosofia em lógica, ontologia, física, metafísica etc. é obra dos gramáticos e dos escoliastas da Antiguidade tardia e presta-se a equívocos e quiproquós de todo tipo.

Veja-se o tratado aristotélico sobre as *Categorias* ou predicações (mas o termo grego κατηγορίαι significa na linguagem jurídica "imputações, acusações"), classificado tradicionalmente entre as obras lógicas de Aristóteles. No entanto, ele contém teses de claro cunho ontológico. Os comentaristas antigos discutiam então qual seria o objeto (σκοπός, o escopo) do tratado: as palavras (φωναί), as coisas (πράγματα) ou os conceitos (νοήματα). No prólogo a seu comentário, Filopono, repetindo as argumentações de seu mestre Amônio, escreve que para alguns (entre os quais Alexandre de Afrodísias) o objeto do tratado são somente as palavras, para outros (como Estácio) são somente as coisas e para outros, enfim (como Porfírio), são somente os conceitos. A mais correta, segundo Filopono, é a tese de Jâmblico (que ele aceita com alguns esclarecimentos), segundo a qual o σκοπός do tratado são as palavras, porque significam as coisas mediante os conceitos (φωνῶν σημαινουσῶν πράγματα διὰ μέσον νοημάτων)[1]. Daí a impossibilidade de distinguir, nas *Categorias*, lógica e ontologia. Aristóteles trata aqui das coisas, dos entes, na medida em que são significados da linguagem, e da linguagem, na medida em que se refere às coisas. Sua ontologia pressupõe o fato, como ele não cansa de repetir, de que o ser se diz (τὸ ὂν λέγεται...), é já sempre na linguagem. A ambiguidade entre lógico e

---
[1] Giovanni Filopono, *Philoponi (olim Ammonii) in Aristotelis categorias commentarium* (ed. Adolfus Busse, Berlim, Reimer, 1898), p. 8-9.

ontológico é tão consubstancial ao tratado que, na história da filosofia ocidental, as categorias se apresentarão tanto como gêneros da predicação quanto como gêneros do ser.

א Nossas classificações da obra de Aristóteles derivam da edição dada por Andrônico de Rodes entre 40 e 20 a.C. Devemos a ele tanto a compilação dos chamados escritos lógicos de Aristóteles em um *Organon* quanto a famigerada colocação μετὰ τὰ φυσικά das lições e anotações que hoje chamamos de *Metafísica*. Embora Andrônico estivesse convencido de que Aristóteles era um pensador conscientemente sistemático e que sua edição, portanto, refletia fielmente a intenção do autor, sabemos que ele projetava em Aristóteles ideias helenistas totalmente alheias à mente clássica. As edições modernas de Aristóteles, ainda que filologicamente corretas, infelizmente continuam refletindo a concepção equivocada de Andrônico. Continuamos a ler Aristóteles como se ele realmente tivesse composto sistematicamente um ὄργανον lógico, tratados sobre a física, a política e a ética e, finalmente, a Metafísica. Uma leitura de Aristóteles torna-se possível somente a partir da destruição dessa articulação canônica de seu pensamento.

3.

Considerações análogas são válidas para o dizível dos estoicos. Nos estudos modernos, o pertencimento do λεκτόν à esfera lógica parece óbvio, mas ele se apoia em assunções (como a identidade entre σημαινόμενον e λεκτόν, significado e dizível) que estão longe de ser corretas. Veja-se o testemunho de Amônio, que define criticamente o λεκτόν de um ponto de vista aristotélico: "Aristóteles ensina o que são as coisas antes de tudo e imediatamente significadas (σημαινόμενα, *scil.* os nomes e os verbos) e os conceitos (νοήματα) e, por meio deles, as coisas (πράγματα), e afirma que não se deve pensar além deles (isto é, o νόημα e o πρᾶγμα) um outro meio, como aquele que os estoicos supõem com o nome de dizível (λεκτόν)"[2]. Ou seja, Amônio nos informa que os estoicos inseriam entre o conceito e a coisa, segundo ele inutilmente, um terceiro, que chamavam de dizível

A passagem em questão procede do comentário de Andrônico sobre o Περὶ ἑρμηνείας. Aqui Aristóteles definia o processo da "interpretação" por meio de três elementos: as palavras (τὰ ἐν τῇ φωνῇ), os conceitos (mais exatamente as afeições na alma, τὰ παθήματα ἐν τῇ ψυχῇ), cujas palavras são signos, e as coisas (τὰ πράγματα), cujos conceitos são as similitudes.

---

[2] Amônio de Hérmias, *Ammonii in Aristotelis De interpretatione commentarius*, cit., p. 5.

O dizível estoico, sugere Amônio, não apenas não é algo linguístico como não é nem sequer um conceito, tampouco uma coisa. Ele não tem lugar na mente nem simplesmente na realidade, não pertence nem à lógica nem à física, mas está de algum modo entre elas. É dessa situação particular entre a mente e as coisas que se tratará de realizar uma cartografia. É possível, de fato, que essa situação entre a mente e as coisas seja precisamente o espaço do ser, ou seja, que o dizível coincida com o ontológico.

4.

A fonte mais ampla e, ao mesmo tempo, mais problemática, da qual toda interpretação da doutrina do dizível precisa partir é uma passagem do *Adversus mathematicos* de Sexto Empírico[3]:

> Alguns colocavam o verdadeiro e o falso na coisa significada (περὶ τῷ σημαινομένῳ), outros na palavra (περὶ τῇ φωνῇ), outros ainda no movimento do pensamento (περὶ τῇ κινήσει τῆς διανοίας). Lideram na primeira opinião os estoicos, que diziam que três se juntam entre si, o significado (σημαινόμενον), o significante (σημαῖνον) e o objeto (τυγχάνον, "o que calha ser", a coisa existente que a cada vez está em questão). O significan-

---

[3] Sexto Empírico, *Adversus mathematicos* (Πρὸς λογικούς Β) (ed. August Immanuel Bekker, Berlim, Reimer, 1842), VIII, 11 e seg., p. 291.

te é a palavra (φωνή) – por exemplo, "Dione"; o significado é a própria coisa, uma vez que é manifestada por ela (αὐτὸ τὸ πρᾶγμα τὸ ὑπ' αὐτῆς δηλούμενον), que entendemos como o que subsiste ao lado (παρυφισταμένον) do nosso pensamento e que os bárbaros não compreendem mesmo que ouçam a palavra; o objeto é a substância que existe externamente (τὸ ἐκτὸς ὑποκείμενον) (por exemplo, o próprio Dione). Desses, dois são corpos, ou seja, a palavra e o objeto, ao passo que um é incorpóreo, ou seja, a coisa significada e dizível (τὸ σημαινόμενον πρᾶγμα καὶ λεκτόν), que se torna verdadeira ou falsa.

O significante (a palavra significante) e o objeto (a coisa que lhe corresponde na realidade; em termos modernos, o denotado) são evidentes. Mais problemático é o estatuto do σημαινόμενον incorpóreo, que os estudiosos modernos identificaram com o conceito presente na mente de um sujeito (semelhante ao νόημα aristotélico, segundo Amônio) ou com o conteúdo objetivo de um pensamento, que existe independentemente da atividade mental de um sujeito (como o "pensamento" – *Gedanke* – em Frege)[4].

Ambas as interpretações projetam sobre os estoicos a teoria moderna da significação e, dessa forma, omitem o confronto com uma leitura filologicamente correta do texto. O fato de os bárbaros não compreenderem o σημαινόμενον quando

---

[4] Andreas Schubert, *Untersuchungen zur stoischen Bedeutungslehre* (Göttingen, Vandenhoeck & Ruprecht, 1994), p. 15-6.

ouvem a palavra pode induzi-los a assimilá-lo ao sentido ou à imagem mental (no sentido de Frege); mas Sexto, contrapondo os estoicos àqueles que colocam o verdadeiro e o falso "no movimento do pensamento", exclui implicitamente que o σημαινόμενον possa identificar-se com o pensamento de um sujeito. Aliás, o texto diz claramente que o σημαινόμενον não é idêntico ao pensamento, mas "subsiste ao lado" dele. Também a passagem seguinte, que parece evocar algo semelhante àquilo que os modernos chamam de significado (pelo menos no sentido de *Bedeutung* ou denotação), exige uma interpretação mais atenta. O σημαινόμενον é aqui definido como "a própria coisa" (αὐτὸ τὸ πρᾶγμα), enquanto manifestada pela palavra (τὸ ὑπ' αὐτῆς δηλούμενον – repare-se na repetição do artigo τό, que traduzimos por "enquanto").

Πρᾶγμα, como o latim *res*, significa primeiramente "o que está em questão, o que está envolvido em um processo ou discussão" (daí a tradução por "coisa", que vem do latim *causa*) e em seguida "coisa" ou "situação de fato"; mas que não se trata aqui de uma coisa nesse segundo sentido está claro por sua distinção do τυγχάνον, o que a cada vez calha ser (ἃ τυγχάνει ὄντα), o acontecimento ou o objeto real. Isso não significa, porém, que a "própria coisa" seja simplesmente o significado no sentido moderno, o conteúdo conceitual ou o objeto intencional indicado pela palavra. A própria coisa, αὐτὸ τὸ πρᾶγμα, indica o que está em questão na palavra e no pensamento, a *res* que, por meio da palavra e do pensamento, mas sem coincidir com eles, está em *causa* entre o homem e o mundo.

Como observou Émile Bréhier, a especificação "a coisa significada e dizível" não implica que σημαινόμενον e λεκτόν sejam a mesma coisa, que o fato de ser dizível seja idêntico ao fato de ser significado. Em sua edição do fragmento, Arnim inseriu uma vírgula entre τὸ σημαινόμενον πρᾶγμα e καὶ λεκτόν, o que permite afirmar tanto a identidade como a diferença entre os dois termos. "Em geral", conclui de fato Bréhier, "se o significado é um exprimível (assim ele traduz λεκτόν), disso não resulta de forma alguma que cada exprimível seja um significado"[5]. Torna-se ainda mais decisiva aqui a interpretação do sintagma "a própria coisa" (αὐτὸ τὸ πρᾶγμα): o que está em questão é a própria coisa em seu ser manifesta e dizível: mas como entender e onde colocar tal "própria coisa"?

א A *Dialética* de Agostinho preservou para nós uma análise da significação linguística em que o influxo de Varrão e dos estoicos é evidente. Agostinho (*De dial.* 5) distingue na palavra (*verbum*) – a qual, "mesmo sendo um signo, não deixa de ser uma coisa" – quatro elementos possíveis. O primeiro é quando a palavra é pronunciada em referência a si mesma, como em um discurso

---

[5] Émile Bréhier, *La Théorie des incorporels dans l'ancien stoïcisme* (Paris, Vrin, 1997), p. 15.

gramatical (nesse caso, *verbum* e *res* coincidem); no segundo – que Agostinho chama de *dictio* –, a palavra é pronunciada para significar não a si mesma, mas algo diferente (*non propter se, sed propter aliquid significandum*); o terceiro é a *res*, isto é, o objeto externo, "que não é a palavra nem o conceito da palavra na mente (*verbi in mente conceptio*)"; o quarto, que Agostinho, traduzindo literalmente o termo estoico, chama de *dicibile* [dizível], é "o que da palavra se percebe não com os ouvidos, mas com o espírito (*quicquid autem ex verbo non auris, sed animo sentit et ipso animo continetur inclusum*)".

A distinção entre a *dictio* (a palavra em seu aspecto semântico) e o *dicibile* lhe resultaria impérvia, porque ele procura esclarecê-la logo em seguida, sem conseguir totalmente:

> O que chamei de *dicibile* é palavra e, todavia, não é palavra, mas o que se entende na palavra e é contido no espírito (*verbum est nec tamen verbum, sed quod in verbo intelligitur et animo continetur*). O que chamei de *dictio* é uma palavra, que ao mesmo tempo, porém, significa dois, ou seja, tanto a própria palavra como o que se produz no espírito por meio da palavra (*verbum est, sed quod iam illa duo simul, id est et ipsum verbum et quod fit in animo per verbum significat*). (ibidem.)

Cabe não deixar escapar as nuances pelas quais Agostinho – recorrendo, por exemplo, a preposições diferentes – busca definir a diferença. Na *dictio*, está em questão algo (o significado) que permanece indissoluvelmente ligado à palavra significante (é uma palavra – *verbum est* – e também o que se produz *no* espírito – *in animo – por meio* da palavra – *per verbum*); o dizível, ao contrário, não é exatamente uma palavra (*verbum est nec tamen verbum*), mas é o que *da* palavra (*ex verbo*) se percebe com o espírito. A situação aporética do dizível entre o significado e a coisa é aqui evidente.

5.

A expressão "a própria coisa" aparece em uma passagem decisiva da *Sétima carta* de Platão, um texto de cuja influência na história da filosofia ainda estamos longe de ter noção. Uma comparação da fonte estoica citada por Sexto com a digressão filosófica da carta mostra afinidades singulares. Oferecemos aqui, por comodidade, o texto da digressão:

> Para cada um dos entes há três, por meio dos quais é necessário que se gere a ciência, o quarto é a própria ciência, quinto deve ser colocado aquele mesmo por meio do qual (cada ente) é conhecível (γνωστόν) e é de verdade. O primeiro é o nome, o segundo o discurso definidor (λόγος), o terceiro é a imagem (εἴδωλον), o quarto é a ciência. Se quiserdes entender o que acabo de dizer, pegai um exemplo e pensai acerca de cada coisa. Há um que é dito círculo (κυκλός ἐστί τι λεγόμενον), cujo nome é esse mesmo que acabamos de proferir; o segundo é o seu λόγος, composto por nomes e verbos: "o que em cada ponto dista igualmente dos extremos ao centro": eis o λόγος daquilo que tem nome de "redondo", "circunferência" ou "círculo". O terceiro é o que é desenhado e é apagado e é formado pelo torno e é destruído, mas

disso tudo nada padece o próprio círculo (αὐτὸς ὁ κύκλος), ao redor do qual estão todas essas coisas, porque é diferente delas. O quarto é a ciência e o intelecto e a opinião verdadeira acerca dessas coisas: e tudo isso deve ser pensado como uma coisa única, que não tem sede nas palavras (ἐν φωναῖς) nem nas figuras corpóreas, mas nas almas (ἐν ψυχαῖς), por isso é claro que é diferente da natureza do próprio círculo e dos três dos quais se falou. (342a 8 – 342d 1)

Não só às palavras que abrem a digressão ("Para cada um dos entes há três, por meio dos quais é necessário que se gere a ciência") corresponde exatamente o "três se juntam entre si" com que inicia a citação estoica de Sexto, como também os "três" aqui mencionados (o σημαῖνον ou a palavra significante, por exemplo, "Dione", o objeto real, τυγχάνον e o σημαινόμενον) correspondem a outros tantos elementos presentes na lista platônica. O primeiro, a palavra significante (φωνή), corresponde exatamente ao que Platão chama de nome (ὄνομα, por exemplo, "círculo", que ele situa justamente ἐν φωναῖς); o segundo, o τυγχάνον, corresponde ao círculo "que é desenhado e é apagado e é formado pelo torno e é destruído", o que a cada vez se apresenta e acontece.

Mais problemática é a identificação do que na lista platônica corresponderia ao σημαινόμενον e ao dizível. Se o identificamos com o quarto, que "não tem sede nas palavras nem nas figuras corpóreas, mas nas almas", isso está de acordo com o estatuto incorpóreo da "coisa significada", mas implica que ele deveria ser identificado com o pensamento ou com a mente de um sujeito, ao passo que a fonte estoica excluía qualquer coincidência com um "movimento de pensamento". Resta o quinto – a ideia – a cuja denominação técnica (o próprio círculo, αὐτὸς ὁ κύκλος) a fonte estoica, escrevendo "a própria coisa" (αὐτὸ τὸ πρᾶγμα), parece referir-se explicitamente. Se é verdade que a história da filosofia pós-platônica é, desde Aristóteles, a história das diversas tentativas para eliminar ou pensar diferentemente a ideia, a hipótese que tencionamos sugerir aqui é a de que os estoicos substituem a ideia pelo dizível, ou – pelo menos – situam o dizível no lugar da ideia.

א Mostrei alhures[6] a oportunidade de reintegrar o texto dos manuscritos: "quinto é necessário colocar aquele mesmo *por meio do qual* (δι' ὅ) é conhecível", contra o "deve ser colocado aquele mesmo que é conhecível" da maioria das edições modernas.

א Que a fonte estoica citada por Sexto se articula diretamente com a digressão da *Sétima carta* é sugerido discretamente pelo fato de ela substituir o nome do personagem exemplificativo, que em Aristóteles normalmente é Corisco ou Cálias, pelo de Dione, isto é, exatamente o nome do amigo que Platão evoca continuamente na carta.

---

[6] Giorgio Agamben, "La cosa stessa", em *La potenza del pensiero: saggi e conferenze* (Vicenza, Neri Pozza, 2005), p. 15-6 [ed. bras.: *A potência do pensamento*, trad. António Guerreiro, Belo Horizonte, Autêntica, 2015].

6.

Que o dizível possa ter a ver com a ideia platônica é uma hipótese que os estudiosos modernos evocam apenas negativamente, escrevendo, por exemplo, que os λεκτά, "mesmo não sendo entidades platônicas, podem contudo valer como conteúdos objetivos do pensamento e da linguagem"[7]. A denegação, como sempre, é significativa, pois precisamente uma leitura da doutrina do dizível em relação crítica pontual com a teoria das ideias permite esclarecer seu estatuto (e, ao mesmo tempo, joga uma nova luz nessa invenção platônica tão frequentemente equivocada: a ideia). Assim como a ideia, o dizível não está nem na mente nem nas coisas sensíveis, nem no pensamento nem no objeto, mas entre eles. Esclarecedor, nesse sentido, é o uso nos estoicos do verbo παρυφίστασθαι em referência aos dizíveis: estes não existem, "mas subsistem ao lado" (esse é o significado literal do verbo) do pensamento ou da representação lógica, assim como a ideia é paradigma, o que se mostra ao lado (παρά-δειγμα) das coisas. Ou seja, os estoicos aceitam de Platão o modo particular de existência da ideia e pautam nele o do λεκτόν; mantendo-o, porém, em estreita relação com o pensamento e a linguagem, a ponto de ter sido frequentemente confundido ora com um, ora com outro. Eles buscam pensar juntos (sem contudo confundi-los,

---

[7] Andreas Schubert, *Untersuchungen zur stoischen Bedeutungslehre*, cit., p. 15.

se é correta a observação de Bréhier sobre a não coincidência de σημαινόμενον com λεκτόν) o quarto e o quinto elementos da digressão platônica. Daí a afirmação, repetida sobretudo nas fontes, de que os estoicos teriam identificado as ideias com os conceitos (ἐννοήματα τὰς ἰδέας ἔφασαν)[8].

O dizível, porém, conserva sempre um estatuto não simplesmente linguístico e fortemente objetivo. É importante lermos juntas, sob essa perspectiva, as duas passagens que parecem confundir a esfera do dizível com aquela da linguagem, mas que as mantêm, de fato, claramente distintas. "Cada dizível (λεκτόν) deve ser dito (λέγεσθαι δεῖ), e disso retirou seu nome"[9] e "dizer (λέγειν) e proferir (προφέρεσθαι) são diferentes: proferem-se as palavras (φωναί), dizem-se as coisas (λέγεται πράγματα), às quais ocorre serem dizíveis (λεκτὰ τυγχάνει)" (Diog. Laërt. VII, 56)[10]. Não somente o que é para dizer não coincide, obviamente, com o dito, mas proferir e dizer, φωνή e πρᾶγμα, o ato da palavra e o que nele está em questão, são diferentes. O λεκτόν não é nem a coisa nem a palavra: é a coisa em sua dizibilidade, em seu estar em questão na palavra, assim como, na *Sétima carta*, a ideia não é

---

[8] Hans von Arnim, *Stoicorum Veterum Fragmenta* (Leipzig, Teubner, 1903), v. 2, p. 360; ver também ibidem, v. 1, p. 65.
[9] Sexto Empírico, *Adversus mathematicos*, cit., VIII, 80, p. 304; ver também Hans von Arnim, *Stoicorum Veterum Fragmenta*, cit., v. 2, p. 167.
[10] Ver também Hans von Arnim, *Stoicorum Veterum Fragmenta*, cit., v. 3, p. 20.

simplesmente a coisa, mas é a "própria coisa" em sua cognoscibilidade (γνωστόν, conhecível, corresponde aqui, exatamente, a λεκτόν, dizível).

א Heidegger salienta muitas vezes, com razão, que λέγειν não equivale simplesmente a "dizer", mas significa etimologicamente "recolher junto na presença" ("*Ver-sammlung ist das ursprüngliche Einbehalten in einer Gesammelheit*")[11]. Λέγεται τὰ πράγματα não significa: "As coisas são expressas em palavras por um sujeito falante", mas "manifestam-se e recolhem-se na presença". Ou seja, trata-se de uma tese ontológica e não meramente lógica. Da mesma forma, quando Aristóteles escreve que τὸ ὄν λέγεται πολλαχῶς, é preciso traduzir não simplesmente, como acontece normalmente, "o termo ser é dito em muitos sentidos, tem muitos significados", mas "o ser é recolhido (é 'lido') de muitas formas na presença".

7.

Antes dos estoicos, Aristóteles já tinha se confrontado com a teoria do conhecimento contida na *Sétima carta*. No Περὶ ἑρμηνείας, uma obra que influenciou durante séculos toda reflexão sobre a linguagem no Ocidente, ele define o processo

---

[11] Martin Heidegger, *Heraklit* (GA 55) (Frankfurt am Main, Klostermann, 1987), p. 266-9 [ed. bras.: *Heráclito: a origem do pensamento ocidental*, trad. Marcia Sá Cavalcante Schuback, 3. ed., Rio de Janeiro, Relume Dumará, 2002].

da significação linguística de uma forma que, embora aparente não ter nenhuma relação com ele, deve ser lido em contraponto com o texto da digressão:

> O que está na palavra (τὰ ἐν τῇ φωνῇ) é signo das impressões na alma (ἐν τῇ ψυχῇ) e o que está escrito é signo do que está na palavra. E assim como as letras não são iguais para todos os homens, também não o são as palavras; aquilo do qual elas são signos antes de tudo, as impressões na alma, são iguais para todos; e também as coisas (πράγματα), das quais estas são as similitudes, são as mesmas para todos. (*De int.* 16a 3-7)

A tripartição com que Aristóteles articula a compreensão (na palavra, na alma, nas coisas), de fato, acompanha exatamente a distinção platônica entre o que é ἐν φωναῖς, nas palavras (o nome e o discurso definidor), o que é ἐν ψυχαῖς, nas almas (conhecimento, intelecto e opinião), e o que é ἐν σομάτων σχήμασιν (os objetos sensíveis). Coerentemente com a tenaz crítica aristotélica à teoria das ideias, a própria coisa, ao contrário, desapareceu. A retomada do elemento platônico é, na verdade, uma contestação do pensamento de seu mestre, que expurga a ideia do processo da ἑρμηνεία, da interpretação do mundo por meio das palavras e dos conceitos. O aparecimento, de outro modo inexplicável, de um quarto elemento, a letra, ao lado das palavras, dos conceitos e das coisas, é uma alusão polêmica – discreta, mas, para o leitor atento, evidente – ao texto do mestre. Enquanto a digressão da *Sétima carta* visava mostrar justamente a insuficiência da escrita no que diz respeito à própria coisa, a letra, como signo e, ao mesmo tempo, como elemento da palavra, é aqui a primeira garantia da inteligibilidade do λόγος.

א Listamos uns ao lado dos outros os elementos do conhecimento em Platão, em Aristóteles e nos estoicos:

Platão	Aristóteles	Estoicos
nome	palavras	significante
discurso definidor	impressão na alma	significado
corpos e figuras	coisas	objeto (τυγχάνον)
ciência, conceito	letras	
a própria coisa (ideia)		dizível (a própria coisa)

Enquanto em Aristóteles a ideia é simplesmente expurgada, os estoicos a substituem pelo dizível.

É importante observar que a lista platônica, ao incluir a ciência entre seus elementos, não acaba em uma teoria do conhecimento e visa algo – a ideia – que não pertence ao conhecimento, mas torna-o possível.

8.

Procuramos até agora, para esclarecer o conceito estoico de λεκτόν, mostrar suas analogias e possíveis relações com a ideia platônica. Mas, se nossa hipótese está correta, devemo-nos perguntar por que os estoicos resolveram denominar "dizível" algo que pretendiam colocar no lugar – ou, pelo menos, na posição – da ideia. O texto da digressão, em que, afirmando que trata seriamente de algo que "de jeito nenhum é dizível (ῥητόν) como as outras noções (μαθήματα)", Platão parece atribuir à própria coisa um estatuto de indizibilidade, não contraria essa definição?

É suficiente colocar a afirmação em seu contexto na digressão para compreender que, mais do que uma indizibilidade absoluta, o que está sendo questionado aqui é um estatuto especial de dizibilidade, diferente daquele que cabe aos "outros μαθήματα". De fato, mais adiante Platão afirma que, "se não foram entendidos os primeiros quatro" (dos quais o nome e o λόγος), não se poderá conhecer completamente o quinto; e, acrescenta em seguida, o conhecimento da própria coisa acontece "esfregando nomes, λόγοι, visões e sensações uns contra os outros, e colocando-os à prova em refutações benevolentes e discussões conduzidas sem inveja" (344b 4-7). Isso combina, de resto, com a inequívoca afirmação do *Parmênides* (135 e 3), segundo a qual as ideias são o que "se pode maximamente alcançar com o λόγος (ἐκεῖνα ἃ μάλιστά τις ἂν λόγῳ λάβοι)".

A compreensão da digressão implica, portanto, uma neutralização da oposição entre o dizível e o indizível e, ao mesmo tempo, um repensar da relação entre a ideia e a linguagem.

9.

Uma exposição da relação entre ideia e linguagem deve iniciar-se da constatação, aparentemente óbvia, de que a ideia e os sensíveis são homônimos, isto é, que mesmo sendo diferentes eles possuem o mesmo nome. É precisamente nessa homonímia singular que Aristóteles centra seu compêndio de filosofia platônica em *Metaph.* 987b: "Ele (Platão) chamou então esses entes de ideias e (afirmou) que todas as coisas sensíveis são ditas ao lado delas e segundo elas (τὰ δ' αἰσθητὰ παρὰ ταῦτα κατὰ ταῦτα λέγεσθαι πάντα); de fato, conforme a participação, a multiplicidade dos sinônimos é homônima às ideias (κατὰ μέθεξιν γὰρ εἶναι τὰ πολλὰ ὁμώνυμα τοῖς εἴδεσιν)" (ibidem, 8-10). (São sinônimos, segundo Aristóteles, *Cat.* I a I-II, os entes que têm o mesmo nome e a mesma definição, e homônimos os entes que têm o mesmo nome, mas definições diferentes).

Que as coisas sensíveis e a ideia sejam homônimas, que as coisas recebam, aliás, seus nomes da participação nas ideias é reiterado diversas vezes por Platão: "Que diremos das múltiplas coisas, como homens, cavalos, roupas [...] e de todos aqueles homônimos das ideias" (*Phaed.* 78e); "As outras coisas, participando das ideias, recebem delas as denominações (ἐπωνυμίαν, nome derivado de outras coisas)" (*Phaed.* 102b I); quase as mesmas palavras em *Parm.* 130e: "há tais ideias, participando das quais recebem delas as denominações"; e em *Resp*. 596a: "estamos acostumados a admitir uma certa ideia única para cada uma das multiplicidades às quais atribuímos o mesmo nome"). E é precisamente essa homonímia que Aristóteles irá reprovar a seu mestre, escrevendo que, "se a forma das ideias e a das coisas não é a mesma, serão então homônimas, como se Cálias se chamasse tanto o homem em carne e osso quanto um pedaço de madeira, sem ver nisso nada de comum (μηδεμίαν κοινωνίαν)" (*Metaph*. 991a 5-8).

א A compreensão do trecho citado de Aristóteles (*Metaph*. 987b 8-10) foi parcialmente distorcida por uma correção da edição Bekker que suprimiu ὁμώνυμα, embora o termo aparecesse no códex de maior prestígio (o *Parisinus* 1853) e em todos os outros (com apenas duas exceções, o *Laurentianus* 87.12 e o *Parisinus* 1876). Trendelenburg chamou oportunamente a atenção para o fato, como vimos, de que Platão fala em homonímia e nunca em sinonímia. A edição Jaeger (1957) reintroduziu assim ὁμώνυμα, colocando, porém, entre parênteses τῶν συνωνίμων. O texto dos manuscritos é perfeitamente claro e não necessita de nenhuma emenda: Aristóteles, nisso fiel a Platão, quer dizer que a multiplicidade das coisas sensíveis que levam o mesmo nome (e são, portanto, sinônimas: por exemplo, os cavalos em carne e osso) torna-se homônima com respeito às ideias (os cavalos têm em comum com a ideia o nome, mas não a definição).

Quanto à frase τὰ δ' αἰσθητὰ παρὰ ταῦτα κατὰ ταῦτα λέγεσθαι πάντα, Cherniss e Ross observaram com razão que a tradução usual "as coisas sensíveis existem separadas delas e são todas nominadas segundo elas" é inexata e supõe a inserção de um εἶναι faltante nos manuscritos[12].

10.

A ideia é, em suma, o princípio unitário do qual as coisas sensíveis derivam seu nome ou, mais exatamente, o que faz com que uma multiplicidade de sensíveis constitua um conjunto e tenha o mesmo nome. A primeira consequência que as coisas recebem de sua participação na ideia é a denominação. Se há, nesse sentido, uma relação essencial entre o nome e a ideia, esta última não se identifica com o nome, mas parece ser, mais do que isso, o princípio de nominabilidade, que, participando dele, as coisas sensíveis encontram sua denominação. Mas como conceber tal princípio? E é possível pensar sua consistência, independentemente de sua relação com os sensíveis que dele derivam sua homonímia?

Dado que precisamente para esse ponto são orientadas as críticas de Aristóteles à teoria das ideias, antes de mais nada será

---

[12] Harold Cherniss, *Aristotle's Criticism of Plato and the Academy* (Baltimore, The Johns Hopkins Press, 1944), p. 178.

oportuno examinarmos tais críticas. Aristóteles interpreta a relação entre a ideia e os sensíveis a partir da relação entre "o que é dito segundo o tudo" (τὰ καθόλου = τὰ καθ' ὅλου λεγόμενα; Aristóteles se utiliza também da expressão τὸ ἕν ἐπὶ πολλῶν, um sobre os muitos) e o que é dito segundo as singularidades (καθ' ἕκαστα). Nós nos abstivemos de traduzir καθόλου por "o universal", porque foi exatamente essa identificação do problema das ideias com a *quaestio de universalibus* que marcou a história da recepção da teoria das ideias e seu equívoco a partir de Aristóteles até seus comentaristas da Antiguidade tardia e, posteriormente, a Escolástica.

Sócrates, escreve pois Aristóteles (*Metaph.* 1078b 18 ss.), foi o primeiro a procurar encontrar definições segundo o tudo, "mas, ao passo que ele não colocou o que se diz segundo o tudo (τὰ καθόλου) como separado (χωριστά), os platônicos o separaram e chamaram tais entes de ideias; disso concluíram que há ideias de todas as coisas que se dizem segundo o tudo (τῶν καθόλου λεγομένων) [...]". Na breve história das doutrinas filosóficas que ocupa o livro primeiro da *Metafísica*, Aristóteles resume a teoria neoplatônica das ideias da seguinte maneira:

> Os que colocaram as ideias no início, buscando alcançar as causas dos entes sensíveis, introduziram outros entes de número igual a estes, como se alguém, querendo computar coisas pouco numerosas, acreditasse não poder fazê-lo sem aumentar seu

número. As ideias, de fato, são de número praticamente igual e, em todo caso, não menor em relação àqueles entes dos quais saíram para investigar suas causas. Para cada ente singular do qual se tenha uma unidade sobre os múltiplos (ἕν ἐπὶ πολλῶν) existe um homônimo para além das substâncias, tanto para as coisas daqui como para as eternas. (*Metaph*. 990a 34 – 990b 8)

Justamente nessa separação do καθόλου consiste o erro dos platônicos, para Aristóteles:

Dado que o um se diz da mesma forma que o ser (τὸ ἕν λέγεται ὥσπερ καὶ τὸ ὄν) e a substância (οὐσία) do um é uma, e dado que as coisas das quais a substância é uma em número são elas mesmas umas em número, é evidente que nem o um nem o ser podem ser substância das coisas, assim como não podem sê-lo a essência do elemento ou do princípio (το στοιχείῳ εἶναι ἢ ἀρχῇ) [...]. O ser e o um deveriam ser em medida maior substância do princípio (ἀρχή), do elemento e das causas; mas eles não o são, a partir do momento em que nada de comum (κοινόν) é substância. A substância não se predica, de fato, que de outra coisa que não seja si mesma e daquilo que a possui e de que é substância. O um não pode ser ao mesmo tempo de diversos modos (πολλαχῇ), enquanto o comum é predicado ao mesmo tempo de diversos modos. É evidente, portanto, que nada daquilo que é predicado segundo o tudo existe ao lado e separadamente das coisas singulares (παρὰ τὰ καθ ἕκαστα χωρίς). Os que afirmam as ideias (τὰ εἴδη) com razão as dizem separadas, a partir do momento em que para eles são substâncias; mas, na verdade, erram, porque chamam ideia (εἶδος) o um sobre os muitos (τὸ ἕν ἐπὶ πολλῶν). A causa é que eles não conseguem dar conta do que sejam tais substâncias indestrutíveis ao lado daquelas sensíveis singulares (παρὰ τὰ καθ' ἕκαστα καὶ αἰσθητάς). Eles colocam estas (as ideias) iguais por εἶδος às coisas perecíveis (estas nós conhecemos), e (dizem) mesmo homem (αὐτοάνθρωπον) e mesmo cavalo (αὐτόϊππον), antepondo ao nome dos sensíveis a palavra αὐτό, mesmo. (1040b 21 – 1041a 5)

Ou seja, Aristóteles reprova aos platônicos ter querido dar substância e existência separada àquilo que é predicado segundo o tudo, ao passo que para ele é evidente que o universal – os latinos traduzirão dessa forma τὸ καθόλου – nunca pode ser substância, mas existe somente nas coisas sensíveis singulares. Platão teria, em outros termos, substancializado o significado do termo geral "o homem" – ou "o cavalo" – e o teria separado de cada um dos homens e de cada um dos cavalos, e, para referir-se a ele em sua homonímia com respeito aos cavalos, teria anteposto ao nome comum o pronome αὐτό: αὐτοάνθρωπος, αὐτόϊππος.

11.

É justamente começando por uma análise da expressão linguística da ideia que é possível mostrar a inadequação da interpretação aristotélica e, ao mesmo tempo, ter acesso a uma compreensão mais correta da teoria platônica.

A expressão linguística da ideia mediante o pronome anafórico αὐτό devia ser problemática para Aristóteles, a partir do momento em que, na *Ética a Nicômaco*, ele sustenta que "ficaria constrangido (ἀπορήσειε) quem perguntasse o que (os platônicos) entendem dizer com a expressão αὐτοέκαστον, pois tanto para o homem ele mesmo (αὐτοάνθρωπος) como para o homem (ἄνθρωπος) há um único e idêntico discurso definitório (λόγος), o de homem" (*Eth. Nic.* 1096a 34 – 1096b 1). E, em *Metaph.* 1035b 1-3, com uma alusão evidente ao círculo da digressão platônica, ele escreve no mesmo sentido que "tanto o círculo dito em absoluto (ἁπλῶς λεγόμενον) quanto o círculo singular são ditos homonimamente, pois não há um nome próprio (ἴδιον ὄνομα) para cada um deles". O uso especificamente do pronome αὐτό, que para Aristóteles resultava aporético, permite ao contrário tanto temperar a homonímia entre a ideia e os sensíveis quanto compreender o que estava em questão, para Platão, na ideia.

Voltemos à expressão que na *Sétima carta* exemplifica a ideia: αὐτὸς ὁ κύκλος, o próprio círculo (e não αὐτόκυκλος, como sugere Aristóteles). A ideia não tem um nome próprio, tampouco coincide simplesmente com o nome. Ela é mais designada por meio da adjetivação do pronome anafórico αὐτός, mesmo.

Os pronomes não têm, diferentemente dos nomes, um significado lexical (um sentido – *Sinn*, nos termos de Frege, ou uma referência virtual, segundo Milner). O que define um pronome anafórico (como αὐτός) é o fato de ele poder designar um segmento de realidade somente sob a condição de este já ter sido significado por meio de outro termo provido de sentido. Isto é, ele implica uma relação de correferência e uma relação de retomada entre um termo desprovido de referência virtual – o pronome anaforizante – e um termo provido de referência virtual – o nome anaforizado[13]. Conforme um dos significados do verbo ἀναφέρω, ele "retoma" a coisa em seu ter sido designada por um nome anterior. Considere-se o exemplo: "Vejo um círculo. Você também *o* vê?". O pronome anafórico "o", desprovido em si de uma referência virtual, a adquire por meio da relação com o termo "círculo" que a antecede.

Vamos reler, agora, o trecho da digressão:

> Há um que é dito círculo (κύκλος ἐστί τι λεγόμενον), cujo nome é esse mesmo que acabamos de proferir; o segundo é o seu λόγος, composto por nomes e verbos: "o que em cada ponto dista igualmente dos extremos ao centro": eis o λόγος do que tem o nome de "redondo", "circunferência" ou "círculo". O terceiro é o que é desenhado e é apagado e é formado pelo torno e é destruído, mas disso tudo nada padece o próprio círculo (αυτὸς ὁ κύκλος), ao redor do qual estão todas essas coisas, porque é diferente delas.

---

[13] Jean-Claude Milner, "Anaphore nominale et pronominale", em *Ordres et raisons de la langue* (Paris, Seuil, 1982), p. 19.

A que faz referência o αὐτὸς, o que é "retomado" nele e de que forma? Antes de mais nada, o que está em questão aqui não é simplesmente uma relação de identidade. Isso está excluído, não apenas pela afirmação explícita de Platão, mas também pela estrutura gramatical do sintagma. O pronome αὐτὸς (colocado junto de um nome no sentido de "mesmo, próprio") pode ser construído em grego de duas formas, dependendo do significado que exprime, identidade (lat. *idem*) ou ipseidade (lat. *ipse*): ὁ αὐτὸς κύκλος significa "o mesmo círculo" (no sentido de identidade), já αυτὸς ὁ κύκλος significa "o próprio círculo", no significado especial que buscaremos agora esclarecer e que é aquele utilizado por Platão para a ideia. Enquanto em ὁ αὐτὸς κύκλος o pronome está de fato inserido entre o artigo e o nome e se refere, portanto, diretamente ao nome, em αυτὸς ὁ κύκλος ele se refere a um sintagma formado pelo artigo e pelo nome. O artigo grego "ὁ" tem em sua origem o valor de um pronome anafórico e significa a coisa a partir do momento em que foi dita e nominada. Somente em um segundo momento ele pode, por isso, adquirir o valor daquela designação que Aristóteles chama de καθ' ὅλου: "*o* círculo" em geral, o universal, oposto ao círculo singular. (Os latinos, em cuja língua não existe artigo, tinham dificuldade em especificar a expressão dos termos gerais.)

Ademais, é evidente que o quinto, o próprio círculo (αυτὸς ὁ κύκλος), não pode se referir, como Platão não se cansa de sublinhar, a nenhum dos três listados na digressão: nem ao nome "círculo", nem à sua referência virtual (idêntica à definição, que corresponde ao termo universal "o círculo"), nem ao círculo sensível singular (a referência atual). Tampouco pode se referir – Platão tem o cuidado de especificá-lo logo em seguida (*Epist.* VII, 342c 8) – ao conhecimento ou ao conceito que dela formamos na nossa mente.

O que o sintagma retoma só pode, então, estar contido na expressão que abre a lista e, ao mesmo tempo, fica fora dela: κύκλος ἐστί τι λεγόμενον ("há algo dito círculo", lit. "círculo é algo dito"). Ela estar fora da lista, ela ser, por assim dizer, a primeira do primeiro, é comprovado sem sombra de dúvida pelo fato de o nome, ao qual cabe a primeira categoria, dever se referir a ela por meio dos pronomes anafóricos ᾧ τοῦτ' αὐτὸ ἐστί ὄνομα ὃ νῦν ἐφθέγμεθα, lit.: "ao qual é nome aquele mesmo que acabamos de proferir".

א Benveniste mostrou que o significado original do latim *potis* (e do indo-europeu. *pot*, do qual ele deriva), que quer dizer "patrão", refere-se, na realidade, à identidade pessoal, expressa por uma partícula (com frequência um adjetivo ou um pronome, como no lat. *ipse*) que significa "exatamente aquele, ele mesmo" (como no hitita *pet*, partícula enclítica "que remete ao objeto que estava em questão no discurso" ou no lat. *utpote*, "enquanto exatamente", que designa alguém enquanto designado por certo predicado)[14]. "Enquanto é difícil imaginar como uma palavra que designa 'o patrão' tenha conseguido enfraquecer até significar 'ele mesmo', compreende-se facilmente como um adjetivo que significava a identidade pessoal e o 'ele-mesmo' tenha conseguido assumir o sentido de 'patrão'"[15]. Benveniste mostra assim que o próprio deslocamento semântico se encontra em muitas línguas: não somente o lat. *ipsissimus* significa em Plauto "o patrão", mas também no grego, na comunidade pitagórica, αὐτὸς ἔφα, "ele mesmo o disse", designava Pitágoras, o mestre por excelência[16].

Podemos integrar a definição de Benveniste, especificando que *potis* significa "algo ou alguém enquanto assume o nome pelo qual é nominado ou o predicado que lhe é referido". Desse modo, o uso platônico de αὐτὸς esclarece-se ainda mais: a identidade que está aqui em questão não é a identidade numérica ou substancial, mas sim a identidade (ou, melhor, a ipseidade) enquanto definida por ter um nome determinado, por ter sido dita na linguagem de uma determinada forma.

---

[14] Émile Benveniste, *Le Vocabulaire des institutions indo-européennes* (Paris, Minuit, 1969), v. 1, p. 89 [ed. bras.: *O vocabulário das instituições indo-europeias*, trad. Denise Bottmann, Campinas, Ed. Unicamp, 1995].

[15] Ibidem, p. 90.

[16] Idem.

12.

A identificação do termo anaforizado, entretanto, não é nada simples. Se for identificado no termo κύκλος, há uma confusão entre o círculo e o nome de "círculo", e a frase seguinte ("cujo nome é esse mesmo que proferimos") acaba sendo supérflua. Sobra o pronome indefinido τι, que os estoicos irão assumir como categoria ontológica fundamental: mas, enquanto pronome desprovido de referência virtual, para poder ser retomado anaforicamente, ele não pode ser isolado dos termos que o antecedem e o seguem. Verossimilmente, é para sublinhar essa inseparabilidade que Platão, ao invés da formulação óbvia: ἐστί τι κύκλος λεγόμενον, escreve: κύκλος ἐστί τι λεγόμενον (*Epist.* VII, 342b), "círculo é algo dito". Uma análise atenta mostra como a frase forma um todo indivisível, em que não estão em questão nem o círculo, nem o algo, nem o dito, mas "o ser-o círculo-dito". Platão não parte, em suma, de um imediato, mas de um ser que já está na linguagem, para depois retornar, dialeticamente, por meio da linguagem, à própria coisa. Segundo a célebre definição do método dialético em *Resp.* 511b 3 – 511c 2, o princípio não pressuposto (ἀρχὴ ἀνυπόθετος) somente pode ser alcançado por meio da paciente eliminação dialética dos pressupostos ("considerando as hipóteses não como princípios – ἀρχαί – mas como hipóteses"). O próprio círculo – que Platão chama também de φύσις, "nascimento" do círculo (τοῦ κύκλος τῆς φύσεως, *Epist.* VII, 342c 8) – não é nem um indizível nem algo meramente linguístico: é o círculo retomado no e pelo seu ser-dito-círculo.

No sintagma usado por Platão para designar a ideia – αὐτὸς ὁ κύκλος, o próprio círculo – não está em questão, portanto, como acreditava Aristóteles, simplesmente um universal (ὁ κύκλος, o círculo): o αὐτὸς, enquanto se refere a um termo já anaforizado pelo artigo, retoma o círculo no e pelo seu ser--dito, no e pelo seu ser na linguagem e o termo círculo no e pelo seu designar o círculo. Por isso, o próprio "círculo", a ideia ou o nascimento do círculo não é nem pode ser nenhum dos quatro. Todavia, ele não é simplesmente diferente deles. É aquilo que a cada vez está em questão em cada um dos quatro e resta, a um só tempo, irredutível a eles: aquilo pelo qual o círculo é dizível e conhecível. Se é verdade, como dizia Aristóteles, que a ideia não tem um nome próprio, ela, graças ao αὐτός, também não é, todavia, perfeitamente homônima da coisa: como "própria coisa", ela significa a coisa em sua pura dizibilidade e o nome em seu puro nominar a coisa. Como tal, isto é, enquanto nela a coisa e o nome estão juntos inseparavelmente para cá ou para lá de todo significar, a ideia não é nem universal nem particular, mas, como terceiro, neutraliza essa oposição.

א No *Fédon* (76e), Platão menciona explicitamente o movimento anafórico que define a ideia: "Se existem aquelas coisas de que sempre falamos, o belo, o bom e toda essência dessa espécie, e se levamos de volta para trás (ἀναφέρομεν) em direção a elas as coisas sensíveis...".

A irredutibilidade ontológica da anáfora αὐτός, que é assim colocada, paradoxalmente, antes da substância, é afirmada por Plotino com particular clareza: "O conhecer", ele escreve, "é algo de uno (ἕν τι), mas o uno é sem o algo (ἄνευ τοῦ τι ἕν). Se fosse algo, não seria o próprio uno (αυτοέν), pois o 'próprio' (αὐτό) é antes do algo (πρὸ τοῦ τι)" (*Ennead.* 5, 3, 12).

א Frege, que afirma que qualquer signo tem um sentido (*Sinn*) e um significado (*Bedeutung*), observa que determinadas vezes usamos um termo querendo falar não de seu significado, mas da realidade material do próprio termo (como quando dizemos "a palavra 'rosa' tem quatro letras) ou de seu sentido, independentemente de seu referir-se em ato a um significado real. É para indicar esse uso especial da palavra que fazemos uso das aspas.

O que acontece, porém, se buscamos designar o termo não em sua materialidade ou em seu sentido, mas em seu significar algo, ou seja, o nome rosa enquanto significa uma rosa? Aqui a linguagem se choca com um limite, que nenhum uso de aspas pode tentar contornar: pode-se nominar o nome "rosa" como um objeto (*nomen nominatum*), mas não o próprio nome em seu designar em ato uma rosa (*nomen nominans*). É esse o sentido do paradoxo que Frege expressou na fórmula: "o conceito de 'cavalo' não é um conceito" e Milner no axioma: "O termo linguístico não tem nome próprio". Wittgenstein, no *Tractatus*, tem em mente algo parecido, quando escreve que "o nome mostra que designa um objeto", mas não pode dizer o fato que o está designando[17].

É essa anonímia do nome rosa que está em questão na ideia da rosa, na própria rosa (que é, por isso, homônima da rosa). Enquanto exprime a impossibilidade de nominar o nome rosa, a não ser retomando-o na forma do pronome anafórico αὐτός, a ideia marca o ponto em que o poder nominador da linguagem precisa parar e a impossibilidade de o nome nominar a si mesmo enquanto nominador deixa aparecer a própria rosa, a rosa puramente dizível.

13.

Compreende-se melhor, nessa perspectiva, a leitura benjaminiana da ideia como nome. Segundo Benjamin, as ideias, que são subtraídas da esfera dos fenômenos, dão-se somente na de seu nome (ou de seu ter nome):

> A estrutura da verdade requer uma essência que pela ausência de intenção se assemelha à das coisas, mas lhes é superior pela permanência [...] O ser livre de qualquer fenomenalidade, no

---

[17] Ludwig Wittgenstein, *Tractatus logico-philosophicus e Quaderni 1914-1916*, cit., 4.126. [ed. bras.: *Tractatus logico-philosophicus*, cit., p. 183]

qual reside exclusivamente essa força, é a do Nome. É esse ser que determina o modo pelo qual são dadas as idéias. Mas elas são dadas menos em uma linguagem originária (*Ursprache*) que em uma apreensão originária (*Urvernehmen*), em que as palavras não perderam, em benefício da dimensão cognitiva [...] A idéia é algo de lingüístico, é o elemento simbólico presente na essência da palavra.[18]

Não se trata simplesmente, como sugere a citação de Hermann Güntert que se segue logo depois, de uma "divinização da palavra", mas do isolamento, na linguagem, de uma esfera alheia à significação e a ela irredutível: a do nome – ou, melhor, da nominação, que Benjamin exemplifica por meio da referência a Adão:

> Esse gesto não é apenas o de Platão, mas, em última análise, o de Adão, pai do homem enquanto pai da filosofia. O denominar adâmico está tão longe de ser um jogo ou um arbítrio que nele, antes, se afirma a condição paradisíaca como tal, que ainda não tinha de lutar com o significado comunicativo.[19]

O primeiro a insistir na radical dissimetria entre dois planos da linguagem – o nome e o discurso – foi Antístenes, que afirmou que não pode haver λόγος, discurso, das substâncias

---

[18] Walter Benjamin, *Ursprung des deutschen Trauerspiel* (Frankfurt am Main, Suhrkamp, 1963), p. 17-8 [ed. bras.: *Origem do drama trágico alemão*, trad. Sergio Paulo Rouanet, São Paulo, Brasiliense, 1984, p. 58-9].

[19] Ibidem, p. 19. [ed. bras.: ibidem, p. 59]

simples e primeiras, mas somente nome. No *Teeteto*, Sócrates refere-se explicitamente a essa tese, afirmando que, dos elementos primeiros, "cada um em si mesmo e por si mesmo (αὐτὸ καθ' αὑτό) pode ser apenas nominado, e não é possível acrescentar mais nada, nem que é e nem que não é... nem mesmo (τὸ αὐτό), nem aquele (ἐκεῖνο), nem cada um (ἕκαστον), nem sozinho (μόνον), nem este (τοῦτο) [...] É impossível dizer num discurso um dos elementos primeiros, pois tem somente o nome (ὄνομα γὰρ μόνον ἔχειν)" (*Theaet.* 201 e seg.). (A proposição 3.221 do *Tractatus* se expressará nos mesmos termos: "Os objetos só posso nominá-los [...] Só posso dizer deles, não dizê-los".)

É com essa dissimetria que Platão pretende se confrontar. Situando-se no plano da língua em que há somente nomes, a ideia busca pensar o que acontece às coisas singulares pelo fato de serem nominadas, de se tornarem homônimas. Ou seja, as ideias são o contrário de uma generalidade e, todavia, compreende-se ao mesmo tempo como puderam ser equivocadas, nesse sentido, como gerais. Nominando uma singularidade, a palavra a constitui como homônima, como definida, antes de qualquer outra característica ou qualidade, unicamente pelo fato de levar o mesmo nome. Não é a participação de traços comuns, mas a homonímia, o puro ter nome, que define a relação entre os fenômenos e a ideia. E é essa estação da coisa ao lado de si mesma num puro ter nome que Platão procura designar, contra Antístenes, por meio da anáfora αὐτό: αὐτὸς ὁ κύκλος, o "próprio círculo", considera o círculo não no nível da significação, mas em seu puro ter nome, naquela pura dizibilidade que somente torna possível o discurso e o conhecimento.

14.

Em seu livro sobre *Os nomes divinos*, Usener mostrou a implicação estreita entre a formação dos conceitos religiosos e a dos nomes dos deuses. O nome não é, para Usener, "um signo convencional de um conceito (νόμῳ) nem uma denominação que considere a coisa em si e sua essência (φύσει)": ele é o que se precipitou de uma impressão diante do choque súbito "com algo que não é o eu"[20]. A formação do nome dos deuses reflete a formação desses conceitos linguísticos, que procede da absoluta singularidade até o particular e a sua fixação num conceito de gênero. O evento do nome – a "cunhagem" das palavras, segundo a imagem que Usener prefere usar – é, portanto, sobretudo para as épocas mais longínquas, o instrumento essencial para investigar a formação dos conceitos e das representações religiosas de um povo. Ele mostra, assim, de

---

[20] Hermann Usener, *Götternamen: Versuch einer Lehre von der religiösen Begriffsbildung* [1896] (Frankfurt am Main, Klostermann, 2000); ed. it.: *I nomi degli dèi* (trad. Monica Ferrando, Brescia, Morcelliana, 2008), p. 46.

que forma para cada coisa e para cada ação importante é criado na linguagem um "deus momentâneo" (*Augenblicksgott*), cujo nome coincide com o do ato e que, por meio da repetição regular, se transforma num "deus particular" (*Sondergott*) e, mais tarde, num deus pessoal. Os *indigitamenta* romanos conservaram para nós os nomes de divindades que correspondem a atos singulares ou momentos da agricultura – *Vervactor*, que denomina a primeira aragem do pousio (*vervactum*), *Insitor*, que denomina o ato da semeadura, *Occator*, que corresponde à lavoura do terreno com a grade, *Sterculinus*, que se refere à adubação da terra...

Usener era influenciado pelas teorias psicológicas de seu tempo, que concebiam o conhecimento como um processo que, por meio da repetição e da abstração, leva do particular ao conceito geral. Ele relembra várias vezes, todavia, que, com a cristalização num nome próprio, o deus particular se expande livremente segundo uma lei própria, que conduz à formação de denominações sempre novas. Na investigação de Usener, o nome divino se torna, assim, algo como um algarismo ou uma lei interna do nascer e do devir histórico das figuras divinas. Desenvolvendo a hipótese de Usener, talvez para além de suas intenções, poderíamos dizer que o evento do nome e o evento do deus coincidem. O deus é a coisa ou a ação no instante de seu aparecer no nome. Ele, na forma de um *nomen agentis*, é, nesse sentido, homônimo à ação singular:

Occator, no ato de trabalhar a terra com a grade, *Insitor*, no ato de semear, *Sterculinus*, na adubação da terra com o esterco, e assim por diante; como mostra sua evolução numa figura autônoma, eles não coincidem, porém, com o ato singular, mas, antes, com seu ser nominado.

Aqui aparece com clareza a analogia entre a doutrina de Usener e a teoria platônica das ideias: assim como na origem o nome não nomina a coisa mediante um conceito, mas mediante um deus, da mesma forma o nome em Platão não nomina apenas a coisa sensível (ou um conceito), mas, acima de tudo, sua dizibilidade: a ideia. O deus momentâneo, como a ideia, é pura dizibilidade.

15.

É toda a teoria moderna da significação que deve ser colocada de novo em questão. Ela se fundamenta na articulação de três elementos: o significante, o sentido (*Sinn*) e o significado ou a denotação (*Bedeutung*), que pressupõe, por sua vez, o plexo linguístico-semântico do *De interpretatione* aristotélico: palavras/conceitos/coisas (nos termos dos comentaristas da Antiguidade tardia: "as palavras enquanto significam as coisas por meio dos conceitos"). Os linguistas preferem hoje chamar o sentido de "referência virtual" e a denotação de "referência atual" e admitem que, enquanto a definição da primeira não parece implicar dificuldades, já explicar de que forma um termo se refere em ato a um objeto concreto é praticamente impossível. Adquire aqui todo o seu sentido o fato de a última pesquisa de Benveniste ter-se concluído com o diagnóstico – que de certo modo representa um fracasso para a ciência da linguagem – segundo o qual a língua é dividida em dois planos separados e incomunicantes, o semiótico e o semântico, entre os quais não há passagem: "O mundo do signo", escreve ele, "é fechado. Do signo à frase não há transição, nem por sintagmação nem por nenhum outro modo. Um hiato os separa"[21]. Dado o signo com sua referência virtual, de que forma esta, atualizando-se, se refere a um objeto singular? (Já Kant, na carta a Marcus Herz de 21 de fevereiro de 1972, perguntava-se: "como fazem as nossas representações ao referir-se aos objetos?").

A pergunta que cabe fazer neste ponto é antes esta: como é possível que a lógica e a psicologia moderna tenham aceitado sem reservas um dispositivo totalmente arbitrário, como é o aristotélico, que consiste em introduzir na mente como conceito uma característica que, na verdade, pertence ao nome? O momento inaugural da nominação – que está na origem do conceito e, como tal, no plexo do *De interpretatione*, é mencionado primeiro –

---

[21] Émile Benveniste, "Sémiologie de la langue", em *Problèmes de linguistique générale II* (Paris, Gallimard, 1974), p. 65 [ed. bras.: *Problemas de linguística geral II*, trad. Eduardo Guimarães, 2. ed., Campinas, Pontes, 2006, p. 66].

é colocado de lado, com uma singular ἐποχή, como mero signo. Desse modo, o nexo ontológico ser-linguagem – o fato de o ser se dizer nos nomes – é transposto numa psicologia e numa semântica e, desse modo, sempre já obliterado. A ontologia, segundo um processo que marcou por muito tempo a história da filosofia ocidental, é sempre já declinada numa gnosiologia.

Ao contrário, o modelo platônico, que não termina no nexo palavra-conceito-coisa, implica um elemento – a ideia – que expressa o puro fato de que o ser seja dito. O conhecimento não precisa ser explicado aqui por meio de um processo psicológico – que, na realidade, é uma mitologia – que conduz do particular ao geral por meio da repetição de uma mesma sensação e da abstração num conceito: particular e universal, sensível e inteligível são imediatamente unidos no nome por meio da ideia. A ontologia não coincide com a teoria do conhecimento, mas a antecede e condiciona (por isso Platão pode escrever na *Sétima carta* que a ideia é "aquilo *pelo qual* cada ente é conhecível e verdadeiro" e especificar que "o conhecimento é algo diferente da natureza do próprio círculo, 342a). Dessa forma, segundo a profunda caracterização benjaminiana da intenção platônica, a ideia garante a cada vez que o objeto do conhecimento não possa coincidir com a verdade.

Por isso, os estoicos, retomando o gesto de Platão, inseriram o "dizível" em sua teoria da significação. Para que o termo "rosa" e o conceito "a rosa" possam se referir à rosa singular existente, é preciso supor a ideia da rosa, a rosa em sua pura dizibilidade e em seu "nascimento". Como diz a correta intuição poética do mais platônico dos poetas modernos: *"Je dis: une fleur! et hors de l'oubli où ma voix relègue aucun contour, en tant que quelque chose d'autre que les calices sus, musicalement se lève, idée même et suave, l'absente de tous bouquets"*[22]*.

א É sempre necessário refletir de novo sobre a cisão do plano da língua em semiótico e semântico, cuja relevância filosófica não pode ser superestimada. Benveniste, que retoma e desenvolve a oposição saussuriana entre *langue* e *parole*, a caracteriza desta maneira:

> O semiótico designa o modo de significação que é próprio do signo linguístico e o constitui como unidade. É possível, para a necessidade da análise, considerar separadamente as duas faces do signo, mas sob o aspecto da significação ele é unidade e permanece unidade. A única pergunta que o signo suscita é a de sua existência, e esta pode ser decidida por um sim ou por não: *árvore-canção-lavar-nervo-amarelo-sobre* e não: **órvore-*vanção--*lasar-*dervo-*mobre*. Considerado por si só, o signo é pura iden-

---

[22] Stéphane Mallarmé, *Oeuvres complètes* (ed. Jean Aubry e Henri Mondor, Paris, Gallimard, 1945), p. 368.

* "Digo: uma flor! e, fora do oblívio em que minha voz relega qualquer contorno, enquanto algo de outro que os cálices conhecidos, musicalmente se levanta, ideia mesma e suave, a ausente de todos os buquês" (Ibidem, "Crise de verso", em *Divagações*, trad. Fernando Scheib, Florianópolis, Editora UFSC, 2010, p. 167). (N. T.)

tidade consigo mesmo e pura alteridade em relação a qualquer outro signo [...] Com o semântico, entramos no modo específico de significação gerado pelo discurso. Os problemas que aqui se colocam são funções da língua enquanto produtora de mensagens. A mensagem não se reduz a uma sucessão de unidades a serem identificadas separadamente: não é uma adição de signos que produz o sentido, mas é, ao contrário, o sentido globalmente concebido, que se realiza e divide em signos particulares, que são as palavras [...] Que se trata de duas ordens distintas de noções e de dois universos conceituais, ainda é possível mostrá-lo por meio da diferença do critério de validade que um e outro demandam. O semiótico (o signo) precisa ser *reconhecido*; o semântico (o discurso) precisa ser *compreendido*. A diferença entre reconhecer e compreender remete a duas faculdades distintas do espírito [...].[23]

Qualquer tentativa de compreender a significação linguística – e essa é a atual tentativa da semiologia e da lógica, que em última análise se fundamentam no paradigma aristotélico – que não leve em conta essa cisão que divide a linguagem está condenada a girar em falso. De fato, é totalmente ilegítimo transferir o significado, que é uma propriedade do signo, para a mente ou para a alma, não conseguimos ver como seria possível articular, como faz Aristóteles no *De interpretatione*, uma teoria da proposição – ou seja, do semântico – a partir de uma definição puramente semiótica da língua.

A ideia em Platão tem a ver com essa cisão, da qual ele era consciente, à sua maneira, e que se expressa, entre outras coisas, na oposição

---

[23] Émile Benveniste "Sémiologie de la langue", cit., p. 225.

entre nome (ὄνομα) e discurso (λόγος). Na ideia, homônima aos sensíveis e princípio de sua nominação, o signo alcança um limiar, em que ele transpassa para o semântico. A percepção da fratura do plano da linguagem em semiótico e semântico coincide, nesse sentido, com a origem da filosofia grega. Se estiver correta a interpretação de Ernst Hoffmann do fragmento I de Heráclito, como cremos com Melandri[24], ela se encontra expressa com clareza logo no início da συγγραφή heraclítea, na oposição entre λόγος (discurso) e ἔπεα (vocábulos, palavras). Os homens – lê-se aqui – não entendem o λόγος nem antes nem depois de ouvi-lo, porque param no plano semântico das palavras (ἔπεα) e não fazem a experiência daquilo que está em questão no fato de falar, na linguagem como tal.

16.

A estratégia de Platão torna-se a esta altura mais compreensível. Ele não substancializou e separou, como achava Aristóteles, uma generalidade, mas buscou pensar uma pura dizibilidade, sem nenhuma determinação conceitual. O trecho seguinte da digressão elucida isso com clareza:

> Os primeiros quatro manifestam a qualidade (τὸ ποιον τι) não menos que o ser (τὸ ὄν) de cada coisa, por via da fraqueza da linguagem [...] das duas coisas, o ser e a qualidade, não a qualidade

---

[24] Enzo Melandri, *La linea e il circolo: studio logico-filosofico sull'analogia* (Macerata, Quodlibet, 2004), p. 162-4.

(τὸ ποιον τι), mas aquilo que (τὸ δὲ τί) a alma quer reconhecer, enquanto cada um dos quatro coloca-lhe diante aquilo que ela não procura. (*Epist.* VII, 342e – 343a; 343b-c)

Por isso, Platão, tentando expressar o puro ser, o "nascimento" de algo, precisou recorrer a um pronome; o pronome, de fato, é definido já pelos gramáticos antigos como aquela parte do discurso que expressa a substância sem a qualidade (Prisciano: o pronome *substantiam significat sine aliqua certa qualitate*). Mas ele, diferentemente de Aristóteles, não escolheu um pronome dêitico ("cada substância significa um este", πᾶσα ουσία δοκεῖ τόδε τι σημαίνειν, *Cat.* 3b 10), mas o anafórico αὐτός.

No trecho citado das *Categorias*, Aristóteles distingue a substância primeira, que significa um "este", porque manifesta um quê de indivisível e uno (este certo homem, este certo cavalo), das substâncias segundas (o homem, o cavalo), que não implicam uma dêixis, mas antes significam uma qualidade (ποιόν τι σημαίνει) (ibidem, 12-16). Para Aristóteles, em todo o caso, resta que há um ponto em que a linguagem significa uno (ἓν σημαίνει), toca inequivocamente seu referente.

Já para Platão, por via da "fraqueza da linguagem" (τῶν λόγων ἀσθενές, *Epist.* VII, 343a I), a única maneira – ainda que insuficiente – de manifestar um puro existente em seu nascimento não é indicá-lo, mas retomá-lo na e pela linguagem mediante a anáfora αὐτός. No *Timeu* (49d 4-6), a impossibilidade de designar os entes sensíveis mediante um dêitico e a necessidade de se servir, para designá-los, de uma anáfora são afirmadas sem reservas: "O sensível que nós vemos sempre em ato de devir incessantemente outra coisa, como o fogo e a água, nunca devemos chamá-lo 'este' (τοῦτο), mas sempre, a cada vez, 'de tal espécie'". A ontologia aristotélica repousa, em última análise, numa dêixis e a platônica, numa anáfora. Mas justamente isso permite a Platão questionar, por meio da ideia, uma ἀρχὴ ἀνυπόθετος, um princípio não pressuposto e para além do ser.

Se o nome "círculo" diz tanto o ser quanto as qualidades do círculo, na ideia (no "próprio círculo") o nome é retomado por seu significar em direção à manifestação do puro ser-dito-círculo, ou seja, em direção à sua dizibilidade. Isso significa que não apenas a tese kantiana segundo a qual o ser não é um predicado real (isto é, "o conceito de algo que é acrescido ao conceito de uma coisa") vale para a ideia de Platão, mas também que ele nunca substancializou a ideia como um universal – que possa ser situado em algum lugar, no céu ou na mente (as ideias – segundo uma doutrina platônica referida por Simplício – "não estão em nenhum lugar")[25]. O que está em questão numa pura dizibilidade, o que se abre só por meio do lento e paciente trabalho anafórico que "esfrega nomes, discursos, visões e sensações uns

---

[25] Simplício, *Simplicii in Aristotelis Physicorum libros quattuor priores Commentaria* (ed. Hermann Diels, Berlim, Reimer, 1882), p. 453.

contra os outros" (Plat. *Epist.* VII, 344b 4), não é senão o evento de uma abertura na alma, que a digressão compara eficazmente a uma luz respingada de uma chama: "depois de muito tempo juntos e vivendo juntos ao redor da própria coisa, de repente, como uma luz respingada de uma chama, gera-se na alma e de imediato nutre a si mesma" (ibidem, 341c 6 – 341d 2).

א Por que a "própria coisa" importa a Platão, por que ela é "aquilo de que ele se ocupa seriamente"? Se no ser está em questão a articulação originária entre linguagem e mundo – o fato de que "o ser se diga" (τὸ ὂν λέγεται) – dir-se-á, então, que, enquanto para Aristóteles a articulação tem lugar entre palavras, coisas e conceitos, Platão, introduzindo além destes a ideia, busca problematizar o próprio fato de a coisa ser dita e nominada. Se o pensamento se move sempre já num mundo nominado, ele pode, todavia, por intermédio do gesto anafórico da ideia, remontar à própria coisa em seu puro ser dita, em sua dizibilidade. Ele problematiza, dessa forma, o puro e irredutível dar-se da linguagem. Nesse ponto – em que o nome é retomado por e em seu nominar a coisa e a coisa é retomada por e em seu ser nominada pelo nome – o mundo e a linguagem estão em contato, ou seja, unidos apenas por uma ausência de representação.

17.

A transposição – que se cumpre no pensamento da Antiguidade tardia, de Porfírio a Boécio, e depois nos lógicos medievais – da doutrina das ideias na *quaestio de universalibus* é, nesse sentido, o pior mal-entendido da intenção platônica, justamente porque, enquanto parece afirmar a natureza "lógica" da ideia, ele quebra, na realidade, o nexo particular com o elemento linguístico que ainda era evidente no termo "dizível". No comentário de Boécio ao *De interpretatione*, essa separação já é cumprida. Os παθήματα τῆς ψυχῆς aristotélicos, que ele verte significativamente para o latim como *intellectus*, tornam-se o objeto primário da *vis significativa* da linguagem, enquanto a relação com as coisas se torna secundária ou derivada: "De fato, enquanto as coisas que estão na voz significam as coisas e os conceitos (*res intellectusque significent*), os conceitos são, porém, significados de modo princicpal, ao passo que as coisas, que a mesma inteligência compreende, são significados de modo secundário por meio da mediação dos conceitos (*per intellectuum medietatem*)" (*In Periherm.* II, 33, 27). Por outro lado, desenvolvendo a afirmação aristotélica segundo a qual os παθήματα e as coisas são iguais para todos, enquanto as palavras e as letras são diferentes, Boécio especifica que dos quatro elementos que formam o plexo linguístico-semântico, dois (*res* e *intellectus*) são por natureza (*naturaliter*) e dois (*nomina* e *litterae*) são por convenção (*positione*). Começa assim o processo que levaria à primazia do conceito e à transformação do dizível numa realidade mental cuja identidade é totalmente independente da palavra em sua materialidade sonora. Só se o significado conceitual da palavra é, dessa maneira, tornado autônomo por seu mutável significante é possível aquele processo de deslinguisticalização do conhecimento que levaria à ciência moderna. Dado que este, como mostrou Ruprecht Paqué[26], não nasceu somente com a observação da natureza, mas tornou-se possível graças sobretudo às pesquisas de Ockham e dos lógicos medievais que levaram a isolar e privilegiar, na experiência da linguagem, a *suppositio personalis*, em que a palavra se refere em ato e univocamente como puro signo a uma *res extra animam*, de todos aqueles casos em que a palavra se refere, de alguma forma, a si mesma (*suppositio materialis*).

O mundo antigo não podia nem queria ter acesso à ciência moderna, porque, apesar do desenvolvimento da matemática (significativamente não em forma algébrica), sua experiência da linguagem – sua ontologia – não permitia referir-se ao mundo de uma forma que se quisesse independente de como ele se revelava na língua. Por isso, Platão, no *excursus* da *Sétima carta*, não privilegia de algum modo o conceito, que, como o nome, é mutável e instável e, no *Crátilo*, prefere deixar

---

[26] Ruprecht Paqué, *Das Pariser Nominalistenstatut: zur Entstehung des Realitätsbegriffs der neuzeitlichen Naturwissenschaft* (Berlim, De Gruyter, 1970).

irresolvida a questão de serem os nomes por natureza ou por convenção. Só a redução da língua a instrumento significante neutro, que se cumpre com Ockham e o nominalismo tardio, permitiu expungir da significação linguística todos aqueles aspectos – partindo da autorreferência – que sempre haviam sido considerados consubstanciais a ela e que, mais tarde, seriam relegados à retórica e à poesia.

Isso não significa de forma alguma que Platão pretendesse simplesmente se ater à realidade tal como ela era revelada pela língua (no seu caso, o grego). Aqui a homonímia entre a ideia e os sensíveis mostra toda a sua plenitude. A ideia é distinta dos sensíveis, mas compartilha com eles o nome. A ideia, em si invisível e imperceptível, mantém-se todavia irredutivelmente em relação com um elemento linguístico sensível – o nome – e, por meio dele, com os entes sensíveis singulares. Por isso, na exposição aporética da teoria das ideias no *Parmênides*, que coloca de novo em questão todas as possíveis relações entre a ideia e os sensíveis – a separação, a participação e a semelhança –, a homonímia é a única que nunca é desmentida. Entre as consequências absurdas que resultariam da afirmação de uma absoluta separação entre as ideias e os sensíveis, Parmênides menciona, explicitamente, aquela segundo a qual "as coisas, que para nós são homônimas às ideias, estão em relação consigo mesmas, mas não com as ideias, e levam o nome de si mesmas e não daquelas" (*Parm.* 133d).

Só mediante sua relação de homonímia com as coisas a ideia pode legitimamente pretender pôr fim à "guerra civil que os nomes travam entre si" (ὀνομάτων ὁ ὗν στασιασάντων, *Crat.* 438d), não mediante a generalidade do conceito nem procurando "outros nomes, diferentes destes", mas mostrando, por meio do *próprio* nome, "qual é a verdade dos entes" (ibidem). O quinto elemento do plexo ontológico, que Platão denomina com o sintagma anafórico a "própria coisa", não é nominável com outro nome na língua (não posso chamar "kuboa" a ideia do círculo, só posso dizê-la "o próprio círculo"). O que não pode ter nome próprio é a dizibilidade que se expressa no nome. Enquanto pura e inominavelmente dizível, a *própria* coisa está "além dos nomes (πλήν ὀνομάτων, lit. "excetuado em todos os nomes" – πλήν significa etimologicamente 'perto')" (ibidem).

א O problema da relação entre a doutrina dos universais e o nominalismo é complexo e não é possível, como aconteceu algumas vezes na historiografia filosófica, reduzir o nominalismo – pelo menos antes de Ockham – a uma determinada concepção dos universais *in mente*. Particularmente significativa é a posição do *princeps Nominalium* do século XII, Pedro Abelardo. A teoria de Abelardo não é uma teoria do universal, mas do nome, distinto tanto da coisa (*res*) quanto do vocábulo (*vox*) e do conceito (*intellectus*). Como outros lógicos contemporâneos dele, Abelardo afirma, pois, a unidade do nome (*unitas nominis*) com relação à variedade dos vocábulos parônimos (adjetivos, verbos etc.). Enquanto os termos e os verbos variam de acordo com os tempos e as modalidades, o que é significado no nome é uno e imutável no tempo. Essa tese lógica tinha consequências também em âmbito teológico, porque implicava que a afirmação "Cristo ter nascido" (*Christum esse natum*) é verdadeira em qualquer tempo, antes e depois de seu nascimento. Nas palavras de Boaventura, que assim resume as teses nominalistas:

> Outros sustentaram que o enunciável (*enuntiabile*) que é verdadeiro uma vez é sempre verdadeiro e sempre é conhecido da mesma maneira [...] alguns afirmam, assim, que *albus*, *alba* e *album*, que são três vocábulos diferentes e possuem três modos diferentes de significar (*modi significandi*), implicam todavia um significado igual (*unam significationem important*), são um único nome. Ou seja, sustentam que a unidade do enunciável deve ser entendida não do lado do vocábulo ou do modo de significar, mas do lado da coisa significada. Uma única coisa é antes futura, depois presente e depois de novo passada; portanto, enunciar que essa certa coisa antes é futura, depois presente e depois de novo passada não implica nenhuma diversidade dos enunciáveis, mas apenas vocábulos (*non facit diversitatem enuntiabilium, sed vocum*).

Nesse sentido, a doutrina nominalista de Abelardo tem, como foi observado[27], uma ascendência platônica evidente e uma conexão

---

[27] William J. Courtenay, "Nominales and Nominalism in XII Century", em Jean Jolivet, Zénon Kaluza e Alain de Libera (eds.), *Lectionum varietates: hommage à Paul Vignaux* (Paris, Vrin, 1991), p. 11-48.

igualmente evidente (também terminológica) com a doutrina do dizível, que ele chama "enunciável". O objeto do conhecimento não é, para Abelardo, nem a palavra, nem o conceito, nem simplesmente a coisa, mas a coisa enquanto é significada pelo nome: "Certamente, quando sustentamos que elas (as formas comuns das coisas) são diferentes dos conceitos (*ab intellectibus*), introduzimos dessa forma como terceiro entre a coisa e o conceito o significado dos nomes (*praeter rem et intellectum tertia exiit nominum significatio*)"[28]. Nesse sentido, ele pode escrever que a lógica "trata das coisas não consideradas em si, mas enquanto possuem nome (*non propter se, sed propter nomina*)"[29] e que, contudo, lógica e física são inseparáveis, porque é necessário investigar se "a natureza das coisas está de acordo com o enunciado (*rei natura consentiat enuntiationi*)"[30].

א A ideia leva o dizível na direção da máxima abstração possível com relação à língua, mas essa abstração não é a do conceito, mas sim a que ainda mantém o dizível em relação não com os nomes de *uma* língua, mas com aquela verdade do ente para a qual tendem, sem nunca alcançá-la, todos os nomes e todas as línguas. A ideia é o puramente dizível que é o entendido de todos os nomes e que, todavia, nenhum nome e nenhum conceito de uma língua

---

[28] Abelardo, "Logica ingredientibus", em *Peter Abaelardus philosophischen Schriften* (ed. Bernhard Geyer, Münster, Aschendorff, 1919), p. 18.
[29] Lambertus M. De Rijk, "Introduction", em Abelardo, *Dialectica* (ed. Lambertus M. De Rijk, Assen, Van Gorcum, 1956), p. 99.
[30] Ibidem, p. 286.

podem alcançar sozinhos. Momigliano* sustentou que o limite dos gregos era que eles não conheciam as línguas estrangeiras – o que, até pelo menos determinado momento, é verdade; Platão e Aristóteles, entretanto, sabiam perfeitamente que uma mesma coisa é nominada de forma diferente segundo as várias línguas (isso está implícito no trecho da *Sétima carta* em que se diz que os nomes não têm nenhuma estabilidade e na tese do *De interpretatione*, segundo a qual as palavras não são as mesmas para todos os homens). O nome κύκλος nomina a mesma coisa entendida pelo latim *circulus* e pelo italiano "cerchio": mas o próprio círculo permanece em cada língua somente homonimamente nominado. Poderíamos dizer então que, em última instância, o elemento linguístico próprio da ideia – o dizível – não é simplesmente o nome, mas a tradução, ou aquilo que é traduzível nele. Benveniste viu na tradução o ponto em que se toca a diferença entre o semiótico e o semântico. Pode-se, de fato, transpor o semantismo de uma língua para o de outra (a possibilidade da tradução), mas não o semiotismo de uma língua para o de outra (a impossibilidade da tradução). No cruzamento de uma possibilidade e de uma impossibilidade, a traduzibilidade situa-se, em suma, no limiar que une e divide os dois planos da linguagem. Daí sua relevância filosófica, que Benjamin destacou. A passagem árdua do semiótico para o semântico é aqui procurada não no interior de uma língua, mas, através da pluralidade das línguas, na totalidade realizada de suas

---

* Arnaldo Dante Aronne Momigliano (1908-1987) é considerado um dos maiores historiadores italianos pela excelência de seus estudos dedicados ao mundo antigo. (N. T.)

intenções. Por isso, como intuíra Mallarmé, com relação à ideia a língua perfeita só pode faltar (*les langues imparfaites en cela que plusieurs, manque la suprême*)*. No lugar dela, segundo Platão, está o logos da filosofia, que reconduz cada língua ao seu princípio no Musaico** (a filosofia é, por isso, "a música suprema": φιλοσοφίας [...] οὔσης μεγίστης μουσικῆς, *Phaed.* 61a; ainda mais explicitamente em *Resp.* 499d: a filosofia é a "própria musa", αὐτὴ ἡ Μοῦσα).

---

* "As línguas, imperfeitas nisso que várias, falta a suprema" ("Crise de verso", em *Divagações*, trad. Fernando Scheib, Florianópolis, Editora da UFSC, 2010, p. 161). (N. T.)

** Do latim medieval *musaicus*, é um adjetivo que se refere às Musas (deusas das ciências e das artes), podendo portanto ser associado, para alguns críticos, ao "poético". Já para outros, como Pier Vincenzo Mengaldo, a referência é ao campo musical (ver "Parole di Dante: Musaico", em *Lingua Nostra*, Florença, Sansoni, 1969, p. 33-4). Na *Enciclopedia Dantesca* (ed. Umberto Bosco, Roma, Istituto dell'Enciclopedia Italiana, 1996), A. Niccoli acolhe para o verbete "Musaico" essas duas indicações, o poético e o musical, uma vez que para Dante a relação entre música e poesia era mais do que íntima, indo muito mais além de um simples acompanhamento do canto. No *Convívio*, Dante usa esse termo em dois momentos cruciais (*Conv.* IV 6, VII 1). No primeiro caso (IV 6), Dante se refere aos poetas como aqueles que têm suas palavras ligadas pela "arte musaica" e, mais adiante (VII 1), expõe a complexidade dessa ligação: "Por isso, saibam todos que nada do que é harmonizado por um enlace musaico pode ser traduzido da sua língua para outra sem que se quebre toda a sua doçura e harmonia" (*Convívio*, trad. Emanuel França de Brito, São Paulo, Penguin-Companhia das Letras, 2019). Também no *De Vulgari Eloquentia*, Dante tratará dos elementos constitutivos da canção, como bem lembra Agamben no ensaio "O fim do poema", em *Categorias italianas* (trad. Carlos Eduardo Schmidt Capela e Vinicius Nicastro Honesko, Florianópolis, Editora da UFSC, 2014). Já em "Desapropriada maneira", ensaio também incluído em *Categorias italianas* e que serviu de prefácio ao último livro póstumo do poeta Giorgio Caproni, *Res Amissa*, organizado pelo próprio filósofo, Agamben retoma as considerações do *Convívio* acerca do "enlace musaico". Interessante notar, aqui, que a relação entre poesia e música é central para Caproni, como ficou registrado em célebres ensaios, alguns dos quais reunidos em *Porta Morgana: ensaios sobre poesia e tradução* (trad. Patricia Peterle, Florianópolis, Rafael Copetti, 2017). (N. T.)

18.

O problema da ideia não é separável do problema do seu lugar. Que as ideias têm lugar (ἔχει τὸν τόπον) "além do céu" (ὑπερουράνιον τόπον, *Phaedr.* 247c) só pode significar – como Aristóteles e Simplício observam pontualmente – que elas "não estão num lugar (οὐκ ἐν τόπῳ, *Phys.* 209b 34; μηδὲ ὅλως ἐν τόπῳ[31]). E, todavia, elas, que não têm lugar e, por isso, correm o risco de não serem ("o que não está nem no céu nem na terra não é nada", *Tim.* 52b), estão essencialmente conectadas, ainda que "de modo assaz aporético" (ἀπορώτατα, lit. "totalmente impraticável") e "dificílimo de se alcançar" (δυσαλωτότατον, *Tim.* 51b), com o ter lugar dos entes sensíveis, que delas recebem a marca (τυπωθέντα ἀπ' αὐτῶν, *Tim.* 50c) de forma "difícil de dizer e maravilhosa" (δύσφραστον καὶ θαυμαστόν, ibidem). E, dado que a doutrina do lugar (χώρα) desenvolvida no *Timeu* tem sido lida na história da filosofia, pelo menos a partir de Aristóteles, como uma doutrina da matéria, está aqui em questão, da mesma maneira, a relação entre as ideias e a matéria.

Vamos resumir sumariamente a exposição do *Timeu*. Ela se inicia com a constatação da insuficiência da posição de duas espécies de seres, o paradigma inteligível e eterno (a ideia)

---

[31] Ver também Simplício, *Simplicii in Aristotelis Physicorum libros quattuor priores Commentaria*, cit., p. 453.

e sua imitação, o sensível. O "terceiro e diferente gênero" (τρίτον ἄλλον γένος) é introduzido, portanto, como uma exigência ou um postulado irrenunciável (o λόγος "obriga" – εἰσαναγκάζειν – a "fazê-lo aparecer" – ἐμφανίσαι, 49a). Sua natureza, "difícil e obscura", não é propriamente definida, mas descrita por uma série de qualificações sucessivas. Antes de tudo, ela é o "receptáculo" (ὑποδοχή) de qualquer geração. Todas as coisas sensíveis, que incessantemente são geradas e destruídas, necessitam de algo "em que" (ἐν ᾧ) aparecer, assim como as figuras que um artífice plasma no ouro necessitam do metal para tomar forma (dessa imagem, Aristóteles pode ter deduzido que estaria aqui em questão a matéria dos corpos).

Essa "natureza que recebe todos os corpos" é sempre a mesma e deve ser em si desprovida de forma, assim como é amorfo um "material de cunhagem" (ἐκμαγεῖον, 50c, o termo contém a ideia de uma "massa", ver μάσσω, μάκτρα) que pode assumir as marcas de todas as formas que recebe. Essa moldeira de impressão é comparada à "mãe", aquela que recebe a marca do "pai" e que dá a natureza intermediária entre eles a um "filho". Se a mãe não fosse desprovida de uma forma própria, a marca (ἐκτύπωμα) que recebe não seria visível, porque sua própria forma "se mostraria ao lado" (παρεμφαινόμενον – no *De anima*, 429a 20, Aristóteles usará o mesmo verbo para especificar que, se o intelecto material mostrasse uma forma sua própria ao lado da do inteligível, isso faria obstáculo à compreensão). O terceiro gênero, mãe, receptáculo e moldeira de impressão, é, então, uma "espécie invisível" (ἀνόρατον εἶδος, a expressão é, em grego, de certo modo contraditória) e "por natureza para além das formas ou ideias (ἐκτὸς εἰδῶν, 51a)"; e, contudo, "participa de modo assaz aporético e dificílimo de se alcançar" do inteligível.

Nesse ponto, numa espécie de resumo vertiginoso, Platão conclui que é preciso admitir (ὁμολογητέον – o verbo ὁμολογεῖν, confessar, designa uma verdade que não se pode não reconhecer) três gêneros de seres: 1) um ingerado, e incorruptível, que nada recebe em si nem nunca vai em outro, invisível e não sensível (ἀναίσθητον), que se contempla com a inteligência; 2) um segundo, homônimo e semelhante ao primeiro, que se gera e se destrói incessantemente em qualquer lugar (ἔν τινι τόπῳ) e que se alcança com a opinião acompanhada de sensação (μετ' αἰσθήσεως); 3) um terceiro, o espaço (χώρα), também eterno e não passível de destruição, que fornece uma sede (ἕδρα) às coisas geradas. Ele é "tangível com um raciocínio bastardo acompanhado de ausência de sensação (μετ' ἀναισθησίας ἁπτὸν λογισμῷ τινι νόθῳ), a custo acreditável. Olhando para ele como num sonho, dizemos que é necessário que tudo o que é esteja em algum lugar e ocupe um espaço (ἔν τινι τόπῳ καὶ κατέχον χώραν) e o que não está nem no céu nem na terra não é nada" (52b).

19.

Foi Diano o primeiro que notou que o modo como Platão designa a cognoscibilidade da χώρα é totalmente singular. Não só porque "tangível" (um adjetivo que ele usa em outro lugar exclusivamente para os corpos sensíveis) contrasta fortemente com "anestesia", ausência de sensação, mas também e sobretudo porque, ao invés de se servir da fórmula normal "χωρίς" ou "ἄνευ αἰσήσεως", sem sensação, ele prefere a expressão paradoxal "com anestesia, acompanhado de uma ausência de sensação"[32]. O que se percebe quando se percebe uma "ausência de sensação"? O que pretende Platão ao escrever que perceber o ter lugar de algo não significa simplesmente não perceber, mas perceber uma ausência de percepção, sentir uma anestesia? Enquanto a ideia é simplesmente não sensível (ἀναίσθητον), aqui a anestesia se torna tangível, é percebida como tal. O caráter "bastardo" do raciocínio que percebe, como em sonho, a χώρα deriva do fato de que ele parece misturar, ao mesmo tempo, as duas primeiras formas de cognoscibilidade, o inteligível e o sensível. Se Platão pode escrever que a χώρα participa, mesmo que de forma difícil de se captar, do inteligível, é porque ideia e espaço se comunicam por meio da ausência de sensação, como se a anestesia que define

---

[32] Carlo Diano, "Il problema della materia in Platone", em *Studi e saggi di filosofia antica* (Pádua, Antenore, 1973).

negativamente a ideia adquirisse aqui um caráter positivo, se tornasse uma forma muito especial de percepção.

Plotino, comentando a passagem do *Timeu*, especifica que, quando a alma, com um raciocínio bastardo, percebe a matéria, ela não pensa em nada, mas recebe e padece algo: "Esse πάθος, essa paixão da alma será como quando ela não pensa em nada? Não, dado que, quando não pensa em nada, não diz, na verdade nem padece nada. Quando, ao contrário, pensa na matéria, ela padece uma afeição que é como a marca do sem forma (τύπον τοῦ ἀμόρφου)" (*Ennead*. II, 4, 10). Se Platão se serviu da metáfora da marca, escrevendo que a χώρα, de forma difícil de dizer e maravilhosa, "recebe uma marca" (τυποθέντα, *Tim*. 50c) das ideias, aqui a relação se inverte: são as ideias que recebem uma marca do amorfo.

Para além dos tons místicos que Plotino parece conferir a elas, aqui é decisivo que a χώρα coloque de novo em questão e neutralize a oposição simples entre inteligível e sensível, que se revela inadequada. Na exposição aporética da teoria das ideias em *Parmênides*, Platão havia mostrado como a absoluta separação entre ideias e sensíveis (o pensá-las χωρίς, separadamente; Aristóteles, retomando o argumento para a sua crítica, falará de um χωρισμός, de uma separação) conduz a consequências absurdas. Às aporias do χωρίς e do χωρισμός, Platão, talvez respondendo a críticas que já circulavam na Academia, dá, com um feliz jogo de palavras, a resposta genial da χώρα. No ponto em que conseguimos anesteticamente e impuramente perceber não somente o sensível, mas seu ter lugar, então o inteligível e o sensível se comunicam. A ideia, que não tem lugar nem no céu nem na terra, tem lugar no ter lugar dos corpos, coincide com ele.

É o que Platão diz, com insólita decisão, poucas linhas depois:

> Ao que é de verdade, vem em socorro um discurso verdadeiro pela sua precisão, mostrando que, até que se mantenham separadas uma coisa e a outra (ou seja, a ideia e o sensível), nenhuma das duas pode, então, entrar na outra para se tornar uma coisa só e, ao mesmo tempo, duas (ἕν ἅμα ταὐτὸν καὶ δύο γενήσεσθον). (52c-d)

א O termo χώρα significa o lugar, o espaço inocupado que um corpo pode ocupar. Ele é etimologicamente ligado a vocábulos que significam uma privação, o que resta quando se tira algo: χήρα, viúva, e χῆρος, vazio. O verbo χωρίς significa "abrir espaço, dar lugar". O sentido de "separar" em χωρίς, χωρισμός, χωρίζειν explica-se sem dificuldades: abrir espaço, dar lugar a algo, significa separá-lo.

א Plotino dedicou à teoria platônica do espaço um tratado inteiro, que as edições antigas já rubricavam como *Sobre a matéria* ou

Sobre as duas matérias (*Ennead*. II, 4). De fato, ele aceita a tese aristotélica segundo a qual Platão teria identificado o espaço e a matéria ("Platão diz no *Timeu* que a matéria – ὕλη – e a χώρα são a mesma coisa", *Phys*. 209b 13); mas, enquanto se dá conta de que a χώρα coloca de novo em questão a oposição entre o sensível e o inteligível, deve admitir a existência de duas matérias, uma inteligível, que concerne às ideias, e uma terrena, que concerne aos sensíveis. No "raciocínio bastardo" do *Timeu*, ele vê uma tentativa de pensar a ausência de forma da χώρα por meio da ideia de indefinido (ἀοριστία). O raciocínio que resulta disso é "bastardo", porque é, na mesma medida, um não conhecimento (ἄνοια) e uma afasia (ἀφασία); todavia, ainda contém algo de positivo:

> O que é essa indeterminação da alma? Talvez um não conhecimento e uma afasia? Ou a indeterminação consiste num certo discurso positivo (ἐν καταφάσει τινί) e, como a escuridão é para o olho a matéria de qualquer cor visível, assim para a alma, tirando das coisas sensíveis, por assim dizer, toda luz e não conseguindo mais definir o que resta, torna-se semelhante à visão que se tem na escuridão e identifica-se com aquela escuridão da qual parece ter uma visão. (*Ennead*. II, 4, 10)

Poucas páginas antes, ele sublinha o caráter impenetrável do pensamento da matéria como um proceder até o abismo de qualquer ser. Se todo ser é composto de matéria e forma, o pensamento que busca pensar a matéria:

> divide essa dualidade até alcançar um simples que (ele) não pode mais dividir e, na medida do possível, o separa, lhe dá lugar até

o abismo (χωρεῖ εἰς τὸ βάθος). O abismo de qualquer coisa é a matéria. Por isso, toda matéria é obscura, dado que a linguagem é luz e o pensamento é linguagem. E, dado que vê a linguagem sobre qualquer coisa, julga que o que está debaixo dela é treva, como o olho, que tem a forma da luz, ao olhar para a luz e as cores, acha escuro e material o que é escondido pelas cores. (ibidem, II, 4, 5)

Naquela que parece a descrição acurada de uma experiência mística, Plotino capta na realidade o fato incontestável de que o λογισμός bastardo que permite o acesso à χώρα é ainda uma experiência da língua (κατάφασις é o termo lógico para a afirmação, para o dizer algo sobre algo). O pensamento, atravessando a linguagem significante até o seu limite – o abismo –, toca na χώρα, isto é, o puro ter lugar (nos termos de Plotino, a matéria) de todo ente. À pura estação da língua no limite da significação, ao dar-se nu da língua, corresponde o puro ter lugar das coisas.

20.

Assim como o mal-entendido da ideia como um "universal" comprometeu a possibilidade de uma correta interpretação dela, a identificação aristotélica e neoplatônica da χώρα com a matéria influenciou duramente a história da sua recepção. E é significativo que, do mesmo modo que o equívoco da ideia coincide com sua confusão com a abstração (ἀφαίρεσις), a χώραὺ é entendida como aquilo que resta de um corpo, se se faz abstração de suas afeições.

> Enquanto o lugar parece ser a extensão (διάστημα) da grandeza – escreve Aristóteles na *Física* – ele é matéria (ὕλη), que é diferente da grandeza. É o que é coberto e definido pela forma, como por um plano ou por um limite. E esta é, justamente, a matéria e o indefinido (τό ἀόριστον). Tirando-se com efeito (ἀφαιρηθῇ) o limite e as afeições de uma esfera, só resta a matéria. Por isso Platão diz no *Timeu* que a matéria e a χώρα são a mesma coisa. (*Phys.* 209b 6-11)

Que por parte de Aristóteles se trate de um equívoco não há dúvida: não somente Platão não se serve para a definição da χώρα de um procedimento abstrato, mas o próprio Aristóteles sabe perfeitamente que, como escreve logo depois, diferentemente da matéria, o lugar pode ser separado da coisa ("a forma e a matéria não se separam – οὐ χαρίζεται – da coisa, o lugar sim", ibidem, 209b 22-23), enquanto Platão tem o cuidado de toda vez distinguir o terceiro gênero do segundo, o espaço dos corpos que nele se geram.

É verdade, porém, que a concepção aristotélica da matéria foi tão influenciada pela doutrina platônica da χώρα que ela tende por muitos aspectos a se sobrepor a esta; contudo, mesmo querendo incautamente aceitar, como fez a tradição posterior, dos neoplatônicos até Descartes, a tese de sua identificação, seria preciso especificar que Platão pensa a matéria não como *res extensa*, mas como o ter lugar de cada corpo. O ter lugar de um corpo é o que, diferentemente do corpo, o coloca de algum modo em relação com o inteligível: por isso a ideia – a inteligibilidade ou a dizibilidade de cada ente – tem lugar no ter lugar do sensível.

א Logo depois da passagem citada, Aristóteles acrescenta que:

> o que é capaz de participar (τό μεταληπτικόν) e a χώρα são a mesma coisa. Apesar de (Platão) chamar o que é capaz de participar de formas diferentes no *Timeu* e nos assim chamados ensinamentos não escritos (ἐυ τοῖς λεγομένοις ἀγράφοις δόγμασιν), ele afirmou, contudo, que o lugar e a χώρα são a mesma coisa. Todos dizem que o lugar é alguma coisa, mas ele foi o único que procurou dizer que coisa. (*Phys.* 209b 10-16)

Apesar de o termo μεταληπτικόν não aparecer no *Timeu* (Platão usa, como vimos, para a participação da χώρα no inteligível um termo próximo: μεταλάμβνον), Aristóteles parece referir-se aqui a uma terminologia comum na Academia para designar a χώρα como aquilo que permite a participação do sensível no inteligível. Poucas linhas depois, ele usa novamente o termo, dessa vez para formular uma objeção: "Deve-se perguntar a Platão, se é lícita uma digressão, por que as ideias e os números não estão num lugar, se o lugar é aquilo capaz de participar, seja este o grande e o pequeno ou a matéria, como está escrito no *Timeu*" (*Phys.* 209b 33 – 210a 1).

Se Platão, mesmo afirmando que a χώρα permite uma participação "assaz aporética" do sensível no inteligível, não desmente a tese segundo a qual a ideia não tem lugar, é porque, se a ideia tivesse lugar na χώρα, ela seria então – como acredita Aristóteles, que vê, de fato, nas ideias um inútil duplicado dos sensíveis – um outro sensível ao lado dos corpos gerados. Se se diz, ao contrário, que a ideia não tem um lugar próprio, mas tem lugar no ter lugar dos sensíveis, a ideia e o sensível serão, juntos, dois e um (ἅμα ταὐτὸν καὶ δύο). A ideia não é nem a coisa nem uma outra coisa: é a *própria coisa*.

21.

Pierre Duhem, na seção de *Le Système du monde* [O sistema do mundo] dedicada à teoria platônica do espaço, sugere que o "raciocínio bastardo", de que se trata no *Timeu*, não é nada além do "raciocínio geométrico, que se funda tanto na νόησις quanto, através da imaginação que o acompanha, na αἴσθησις"[33]. O extraordinário conhecimento das teorias científicas de Duhem percebeu aqui, contra a interpretação mistificante dos neoplatônicos, um ponto essencial da teoria

---

[33] Pierre Maurice Marie Duhem, *Le Système du monde: histoire des doctrines cosmologiques de Platon à Copernic* (Paris, Hermann, 1913), v. 1, p. 37.

da χώρα. É escusado dizer, pois, que Platão sabia perfeitamente, como Arquitas e os geômetras a ele contemporâneos, que o espaço é o que torna possível a construção da geometria, cujo conhecimento ele colocava entre as condições necessárias para o ingresso na Academia. Por isso, logo depois de ter definido a χώρα, ele mostra como o demiurgo produz ali os elementos por meio dos triângulos isósceles e escalenos e segundo relações numéricas específicas (*Tim.* 53a – 55c).

Tocamos aqui nas noções que estão na base da concepção platônica de ciência. O "raciocínio" do geômetra (λογισμός – segundo o significado prevalente do termo tanto em grego quanto no uso platônico – deveria ser traduzido mais precisamente por "cálculo") é bastardo – isto é, pertinente ao mesmo tempo para o inteligível e para o sensível –, porque não se refere imediatamente aos corpos sensíveis, mas ao seu puro ter lugar no espaço. À diferença do λόγος das línguas naturais – e, todavia, contiguamente a ele –, o λογισμός da matemática nos permite superar a "fraqueza" dos nomes – que nos dão sempre juntos o ser e a qualidade da coisa –, graças a um puro quanto de significação, que, no entanto, significa não uma coisa ou um conceito, mas somente o dar-se, o puro "ter lugar" de algo.

A conexão essencial entre a χώρα e a língua mostra-se aqui com clareza: a χώρα – o espaço e o ter lugar de cada coisa – é o que aparece quando se tiram um a um os elementos semânticos do discurso na direção de uma dimensão puramente *semiótica* da língua, porém não na direção de uma escrita, mas sim na de uma voz. A χώρα é, a saber, o limiar onde semiótico e semântico, sensível e inteligível, números e ideias parecem, por um instante, coincidir. Se a ideia capta, no nome, o limite do semântico, o μάθημα alcança, na χώρα, o limite do semiótico.

22.

Uma análise da terminologia da geometria grega fornece respostas esclarecedoras. Veja-se a definição que abre os *Elementos* de Euclides: σημεῖόν ἐστιν, οὗ μέρος οὐθέν. A tradução corrente ("ponto é aquilo do qual não existe parte") não nos permite captar o fato em todos os sentidos decisivos com que "ponto" é dito em grego: "signo" (σημεῖόν). A tradução exata seria portanto: "Há um signo, do qual não existe parte". A noção que funda a geometria é a de "quanto de significação" (Riemann dirá com a clareza de sempre: "as partes determinadas de um todo, distintas de uma nota ou de uma demarcação, chamam-se *quanta*"). Isso é ainda mais relevante quando sabemos que foram exatamente Platão e sua escola que afirmaram a necessidade de substituir o termo mais antigo usado para "ponto", isto é, στιγμή (o rastro deixado por um objeto com o ato de στίζειν, "pungir") por σημεῖόν ["signo"], para sublinhar a conexão com a significação linguística: o ponto não é um ente material, mas um quanto de significação[34].

Isso implica a intenção platônica de que, enquanto a filosofia só pode alcançar a ideia – homônima aos sensíveis – por meio da paciente travessia (a *Sétima carta* diz "esfregando uns contra os outros") dos nomes, das proposições e dos conceitos, a matemática se move, ao contrário, num plano "bastardo", em que quantos de significação – não palavras, mas números – permitem manter aporeticamente juntos os inteligíveis e os sensíveis. Para o geômetra não está em questão o corpo sensível em seu nome e em suas qualidades, mas seu puro ter lugar indicado pelo dar-se de um puro significante (um "signo do qual não existe parte").

א Um exame da definição da mônada no livro VII (Def. I) dos *Elementos* euclidianos – μονάς ἐστιν, καθ' ἣν ἕκαστον τῶν ὄντων ἓν λέγεται – conduz a resultados análogos. Reflita-se na particular tautologia contida na tradução corrente: "unidade é aquilo pelo qual cada um dos entes é dito uno". Apenas se compreendemos que é decisivo aqui "o ser dito", a definição deixa de ser tautológica: a mônada não é um ente real, mas é o que resulta da pura

---

[34] Ver Charles Mugler, *Dictionnaire historique de la terminologie géométrique des grecs* (Paris, Klincksieck, 1959).

relação significante entre a palavra e a coisa. "Uno" é o que é dito, se consideramos em si mesma a pura relação entre a linguagem e seu relato. Por isso Aristóteles podia escrever que o matemático "contempla os atributos, mas não enquanto se referem a uma substância: ou seja, ele os separa (χωρίζει). Por meio do pensamento, eles são separáveis do movimento", e acrescenta que os defensores das ideias fazem a mesma coisa sem perceber: "Eles separam as coisas naturais, que são menos separáveis do que as matemáticas" (*Phys.* 193b 32 – 194a 1). Separar os atributos de sua referência a uma substância significa dispor de uma linguagem – a matemática, precisamente – capaz de suspender sua denotação, ou seja, seu referir-se a um determinado objeto real, mantendo firme, contudo, a nua forma da relação.

23.

Torna-se compreensível, nessa perspectiva, por que o ideal da ciência platônica pôde se expressar, no testemunho de Simplício, por meio do sintagma "salvar as aparências" (τό φαινόμενα σῴζειν). Em seu comentário a *De caelo* de Aristóteles, ele descreve nestes termos o problema que Platão atribuía à ciência (nesse caso, a astronomia):

> Platão, tendo admitido no início que os corpos celestes se movem com um movimento circular, uniforme e constantemente regular, colocou o seguinte problema para os matemáticos: "Quais são os movimentos circulares, uniformes e perfeitamente

regulares que devem ser tomados como hipóteses para que se possam salvar as aparências dos planetas errantes (διασῳθῆναι τὰ περὶ τοὺς πλανουμένους φαινόμενα)?".³⁵

Se a tarefa do matemático se exaure com a salvação das aparências, isso significa que, uma vez alcançado o objetivo, ele tem de ficar atento para identificar os movimentos supostos com os movimentos reais dos astros. Como escreve Duhem:

> a astronomia não capta a essência das coisas celestes, apenas fornece uma imagem delas. E essa imagem não é exata, mas apenas aproximativa [...] Os artifícios geométricos que nos servem de hipótese para salvar os movimentos aparentes dos astros não são nem verdadeiros nem verossímeis. São puros conceitos que não se pode transformar em realidade sem se formular absurdos.³⁶

Por isso, Simplício pode afirmar que o fato de os astrônomos proporem hipóteses diferentes para explicar um mesmo fenômeno não constitui um problema:

> É evidente que o fato de as opiniões divergirem em relação às hipóteses não é uma objeção. O objetivo que nos é proposto é saber quais hipóteses conseguem salvar as aparências. Não deveria nos surpreender que outros astrônomos tenham procurado salvar os fenômenos a partir de hipóteses diferentes [...] Para

---

[35] Pierre Maurice Marie Duhem, *Sozein ta phainomena: essai sur la notion de théorie physique de Platon à Galilée* [1908] (Paris, Vrin, 1990), p. 3.
[36] Ibidem, p. 23.

salvar a irregularidade, os astrônomos imaginam que todo astro se move com múltiplos movimentos; uns supõem movimentos excêntricos e epiciclos, outros invocam as esferas homocêntricas [...] Mas assim como não se consideram reais as estações e os movimentos retrógrados dos planetas nem as adições e subtrações dos números que se encontram no estudo dos movimentos, mesmo que os astros pareçam mover-se daquele jeito, uma exposição de acordo com a verdade não considera suas hipóteses como se fossem reais [...] os astrônomos se contentam em avaliar se é possível, por meio dos movimentos circulares, uniformes e sempre na mesma direção, salvar as aparências dos astros errantes.[37]

Se, na perspectiva da ciência platônica, as hipóteses matemáticas devem contentar-se em salvar as aparências e não pretender identificar-se com a realidade, é porque a matemática se refere, em última análise, a quantos de significação e não a entes reais. Ela se situa no limite semiótico da língua, mas não pode pretender ultrapassá-lo.

24.

Só essa situação dos números e das ideias no que diz respeito à linguagem permite colocar ordem no controverso problema de como Platão entendeu a relação entre as ideias e os núme-

---

[37] Ibidem, p. 25-7.

ros. Como sempre acontece quando se trata dos chamados ensinamentos não escritos, os testemunhos antigos são não menos contrastantes do que as opiniões dos estudiosos modernos. O próprio Aristóteles, se bem que nos informe que Platão distinguia "ao lado dos objetos sensíveis e das ideias, como médio (μεταξύ) entre eles, os elementos matemáticos das coisas (τὰ μαθηματικὰ τῶν πραγμάτων), os quais diferem dos sensíveis porque são imóveis e eternos e das ideias porque existem muitos deles parecidos, enquanto cada ideia é em si una e singular", parece aproximar números e ideias quase confundindo-os, quando afirma que, "assim como os pitagóricos, Platão dizia que os números são causa da οὐσία das outras coisas" (*Metaph.* 987b 14-25). Alexandre de Afrodísias, no *Comentário à Metafísica de Aristóteles*, identifica decididamente ideias e números: "Os números são os primeiros dentre os entes. E, dado que as formas são primeiras e as ideias são primeiras no tocante às coisas que existem em relação a elas e por elas têm o ser [...] (Platão) disse que as ideias são números (τὰ εἴδη ἀριθμοὺς ἔλεγεν) [...]. Ademais, as ideias são princípios de outras coisas, enquanto princípios das ideias, que são números, são os princípios dos números e princípios dos números dizia ser a unidade e a dualidade"[38]. Contra ele, Simplício objeta, não sem razão, que:

---

[38] Alexandre de Afrodísias, *Alexandri Aphrodisiensis in Aristotelis Metaphysica commentaria* (ed. Michael Hayduck, Berlim, Berolini, 1891), p. 56.

enquanto é totalmente verossímil que Platão dissesse que os princípios de todas as coisas são o uno e a dualidade indeterminada [...] disso não pode resultar que ele dissesse que a dualidade indeterminada, que chamava grande e pequeno entendendo com isso a matéria, seja princípio também das ideias, a partir do momento em que ele limitava a matéria somente ao mundo sensível [...] e havia de resto dito também que as ideias são conhecíveis com o pensamento, e a matéria, ao contrário, "acreditável com um raciocínio bastardo".[39]

A neutralização da dicotomia entre ideias sensíveis, possibilitada pela χώρα – que também é condição de possibilidade da geometria e da matemática –, conduz, em Alexandre, a um acomodamento dos números nas ideias, contra o qual reage firmemente Simplício.

As contradições se resolvem se observarmos que ideias e números – ontologicamente próximos – são, todavia, claramente distintos, na medida em que se situam em duas regiões diversas no que concerne à linguagem. Enquanto as ideias não podem separar-se completamente dos nomes, os símbolos matemáticos são o que resulta do puro dar-se da linguagem, ou seja, eles são quantos de significação que exprimem o dar-se da relação significante entre linguagem e mundo, sem nenhuma denotação concreta. Ideia e número, filosofia e matemática

---

[39] Simplício, *Simplicii in Aristotelis Physicorum libros quattuor priores Commentaria*, cit., p. 151.

situam-se em duas experiências diversas dos limites da linguagem: a ideia é o limite do semântico, ao passo que o número é o limite do semiótico.

Nesse sentido – enquanto exprime a nua relação semiótica entre linguagem e mundo para aquém de qualquer referência semântica a determinado objeto real –, a matemática pode aparecer como a forma mais pura da ontologia. Daí as recorrentes tentativas de identificar ontologia e matemática, das quais é exemplo a recente tese de Alain Badiou segundo a qual, dado que "as matemáticas são ontologia"[40], é possível reescrever a filosofia primeira nos termos da teoria dos conjuntos. Contra essa confusão de dois planos próximos, mas distintos, é preciso lembrar que a ontologia – admitindo que faça sentido definir em seu pensamento algo como uma ontologia – começa para Platão somente com o plano dos nomes. Sua filosofia, pelo menos por aquilo que nos é dado saber, situa-se decididamente no plano da língua natural e busca orientar-se nele, sem nunca o abandonar, por meio de um paciente e prolongado exercício dialético para retornar, no final, às ideias, que são e permanecem homônimas aos sensíveis. Naturalmente, a matemática também pressupõe a linguagem (não sabemos estritamente nada sobre a matemática de um mundo

---

[40] Alain Badiou, *L'Être e l'événement* (Paris, Seuil, 1988), p. 10 [ed. bras.: *O ser e o evento*, Maria Luiza X. de A. Borges, Rio de Janeiro, Zahar/ Editora UFRJ, 1996].

sem linguagem): porém, ela não se situa simplesmente, como a dialética, no interior da linguagem, mas mantém-se na pura relação entre linguagem e mundo, na nua significação sem significado. Ao dar-se dos corpos sensíveis no nome corresponde sua pura posição (θέσις), seu ter lugar na χώρα. Enquanto olham ambos para a cognoscibilidade do mundo, o matemático e o filósofo estão bem próximos: diversa e dificilmente comunicantes são, porém, como para o poeta e o filósofo, as experiências da linguagem em que eles se movem.

25.

Se ciência e filosofia perdem a consciência de sua proximidade e de sua diferença, também perdem, na mesma medida, toda noção de suas respectivas tarefas, dado que, se a definição platônica de sua relação aporética é verdadeira, elas podem perseguir seu fim somente mantendo-se em tensão recíproca. A filosofia, como contemplação das ideias nos nomes, é constantemente impelida para além deles, na direção dos limites da linguagem, que, todavia, ela não pode superar com sua própria terminologia, assim como a ciência, que procura salvar os fenômenos que a "causa errante" (πλανομένμ αἰτία, Plat. *Tim.* 48a) continuamente mistura e confunde, só pode tender – sem totalmente conseguir – a traduzir seu discurso naquele das línguas naturais (o experimento é o lugar no qual se realiza essa tradução).

O paradigma da ciência platônica, que nunca desapareceu completamente da ciência ocidental, passa hoje por uma crise da qual parece não conseguir sair. A renúncia da ciência à exposição linguística – evidenciada com a física pós-quântica – segue no mesmo ritmo da incapacidade da filosofia de confrontar-se com os limites da linguagem. A uma filosofia sem mais ideias, ou seja, puramente conceptual, que se torne justamente por isso sempre mais uma *ancilla scientiae*, corresponde uma ciência que não consegue pensar sua relação com a verdade que mora nas línguas naturais. A divisão da filosofia em dois campos – até institucional e geograficamente incomunicantes –, que é aceita como óbvia, reflete a perda do elemento – a χώρα da língua – em que eles poderiam ter-se comunicado. De um lado, procura-se formalizar a qualquer custo a língua natural, excluindo dela como "poético" aquilo que também lhe pertence constitutivamente; de outro – esquecendo que a filosofia, mesmo morando na língua, deve questionar incessantemente seus limites enquanto remonta nela até seu princípio musaico (ela mesma é de fato Musa: αὐτὴ ἡ Μοῦσα) –, acaba-se por invocar, num gesto simetricamente oposto, o *deus ex machina* da poesia como se fosse um princípio externo.

E somente a partir dessa aporia, ou seja, da perda da passagem (πόρος) e da experiência (πεῖρα) que poderiam reunir filosofia e ciência, é possível explicar o domínio, aparentemente ilimitado, de uma técnica que tanto os filósofos quanto os cientistas parecem observar espantados. A técnica não é uma "aplicação" da ciência: é o produto consequente de uma ciência que não pode nem quer mais salvar as aparências, mas tende obstinadamente a substituir suas hipóteses pela realidade, a "realizá-las". A transformação do experimento, que agora tem lugar por meio de maquinários tão complexos, que nada mais têm a ver com as condições reais, mas propõem forçá-las, mostra eloquentemente que a tradução entre linguagens não está mais em questão. Uma ciência que renuncia a salvar as aparências só pode visar a sua destruição; uma filosofia que não se coloca em jogo, por meio das ideias, na língua perde sua necessária conexão com o mundo sensível.

26.

A teoria da χώρα reaparece no século XVII, num cruzamento singular entre teologia e ciência, nos platônicos de Cambridge. Na correspondência entre o mais visionário deles, Henry More, e Descartes, o termo χώρα nunca é pronunciado e, todavia, trata-se justamente para More de reivindicar contra Descartes a irredutibilidade do espaço à matéria. Se identificarmos, como faz Descartes, extensão e matéria, não há mais lugar para Deus no mundo. Existe, ao contrário, uma extensão não material que é um atributo do ser como tal.

A razão que me faz acreditar – escreve ele a Descartes, apropriando-se de sua definição da matéria com o intuito de subvertê-la – que Deus seja, a seu modo, extenso é que ele está presente em todos os lugares e enche intimamente toda a máquina do mundo e cada uma de suas partes. Como poderia, de fato, comunicar o movimento à matéria [...] se não a tocasse, por assim dizer, precisamente, ou se não a tivesse tocado uma vez? [...] Deus é, portanto, extenso e a seu modo está expandido: Deus é, por conseguinte, uma coisa extensa (*Deus igitur suo modo extenditur atque expanditur; ac proinde est res extensa*).[41]

Em suma, há para More uma "extensão divina (*divina extensio*)", para cuja caracterização ele invoca, "junto com os platônicos (*cum platonicis suis*)", os versos de Virgílio que se tornariam mais tarde o símbolo do panteísmo: "*totamque infusa per artus/ mens agitat molem et magno se corpore miscet*"[42]. Esse espaço absoluto, infinito e imóvel, em que, como na χώρα platônica, se produzem todos os movimentos e todos os fenômenos, é algo que não podemos imaginar que não seja (*disimagine*, "desimaginar")[43] e, no pensamento de More, ele tende a se identificar progressivamente com Deus: "Essa Extensão infinita e imóvel é algo não somente real, mas também divino

---

[41] René Descartes, *Correspondance avec Arnauld et Morus* (ed. Geneviève Rodis-Lewis, Paris, Vrin, 1953), p. 96-8.
[42] Ibidem, p. 100.
[43] Henry More, *An Antidote against Atheism* (Apêndice) (Londres, Flesher, 1655), p. 335.

(*Divinum quiddam*)". Desse modo, observa não sem ironia, ele "faz com que Deus entre novamente no mundo pela mesma porta pela qual a filosofia cartesiana havia pensado em expulsá-lo", a saber, a *res extensa*[44]. Metafísica e teologia, a essa altura, coincidem e More pode listar uma série de "nomes" ou "títulos" divinos que convêm perfeitamente ao espaço divinizado: Uno, Simples, Imóvel, Eterno, Perfeito, Independente, Existente em si, Subsistente por si só, Incorruptível, Necessário, Imenso, Incriado, Onipresente, Incorpóreo, Permanente, Ampletivo de todas as coisas. "E omito", acrescenta, "que os cabalistas chamam Deus de Makom, ou seja, o lugar."[45]

É lícito enxergar na definição desse espaço divinizado algo mais do que um eco das palavras que encerram o *Timeu*, em que a χώρα, "que recebeu em si todos os seres vivos mortais e imortais", é descrita como "um deus sensível (θεὸς αἰσθητός) imagem do inteligível", que "abraça todas as coisas visíveis" e é "imenso e supremamente bom, belíssimo e perfeitíssimo" (92c). É esse lugar divino de todos os seres, esse espaço absoluto que alguns anos depois Newton definirá em sua *Ótica*, com uma imagem arrojada, como o *sensorium* de Deus: "Há um

---

[44] Idem, *Enchiridion Metaphysicum: sive, De Rebus Incorporeis succincta et luculenta dissertatio, Pars prima, De Existentia et Natura Rerum Incorporearum in Genere* (Londres, Flesher, apud Guilielmum Morden, Bibliopolam Cantabrigiensem, 1671), p. 69.
[45] Ibidem, p. 71.

ser incorpóreo, vivo, inteligente e onipresente que, no espaço infinito como se fosse em seu *sensorium*, vê intimamente as próprias coisas, percebe-as e compreende-as perfeitamente em sua presença imediata a si mesmo"[46].

27.

Já quatro séculos antes, duas mentes excepcionais, das quais conhecemos pouco mais do que o nome, haviam identificado sem reservas Deus e a χώρα. De Amalrico de Bena não se conservou nenhum escrito; sabemos, contudo, de fontes e citações indiretas, que ele interpretava a afirmação paulina segundo a qual "Deus é tudo em todas as coisas" em sentido radicalmente panteísta e, ao mesmo tempo, como um desenvolvimento teológico da doutrina platônica da χώρα. A fonte que lhe atribui a tese panteísta zomba das consequências: se Deus é tudo em todas as coisas, então Deus é pedra na pedra, toupeira na toupeira e morcego no morcego e, portanto, deveríamos adorar a toupeira e o morcego. Pouco depois, porém, o anônimo polemista cita as teses de Amalrico que nos permitem

---

[46] Isaac Newton, *Optice: sive de Reflexionibus, Refractionibus, Inflexionibus et Coloribus Lucis libri tres* (reed. lat. Samuel Clarke, Londres, Sam Smith e Benj. Walford, 1706), p. 312 [ed. bras.: *Óptica*, trad. André Koch Torres Assis, São Paulo, Edusp, 2002]; ver também Alexandre Koyré, *Du monde clos à l'univers infini* (Paris, Puf, 1962), p. 201 [ed. bras.: *Do mundo fechado ao universo infinito*, trad. Donaldson M. Garschagen, 4. ed., Rio de Janeiro, Forense Universitária, 2010].

interpretar corretamente sua intuição e reportá-las às fontes platônicas: "Tudo o que está em Deus é Deus; mas todas as coisas estão em Deus [...] então Deus é todas as coisas". Deus é todas as coisas, porque, como a χώρα, é o lugar de todas as coisas. Deus é em cada uma das coisas, assim como o lugar em que cada uma das coisas é: ele é o ter-lugar de todo ente e por isso, e somente por isso, identifica-se com ele. Divinas não são a toupeira ou a pedra: divino é o ser toupeira da toupeira, o ser pedra da pedra, seu puro ter lugar em Deus.

De David de Dinant, cujas obras foram proibidas em 1215 pelos estatutos da Universidade de Paris junto com as dos amalricianos, conservou-se, entre as folhas de seus *Quaternuli*, relativas sobretudo a questões de física e medicina, o extraordinário fragmento que os editores intitularam *Hyle mens deus*, "Matéria, mente, deus". Aqui, com um golpe de gênio que Tomás define como "loucura", ele afirma, alegando a autoridade da passagem supracitada do *Timeu*, a absoluta identidade de Deus, mente e matéria (ὕλη, segundo a tradição pós-aristotélica, nomeia aqui a χώρα):

> Disso se deduz que a mente e a matéria são a mesma coisa. Platão concorda com isso, quando diz que o mundo é um deus sensível. A mente, de que falo e que afirmo ser uma e impassível, não é outra coisa senão Deus. Se, portanto, o mundo é o próprio Deus acessível aos sentidos para além dele mesmo, como disseram Platão, Zenão, Sócrates e muitos outros, então a matéria do

mundo é o próprio Deus, e a forma que resulta da matéria não é outra coisa senão Deus que faz a si mesmo sensível.

Por meio da matéria – χώρα –, Deus e a mente se identificam. Somente na perspectiva panteísta de cessar a oposição entre Deus e o mundo, a teoria da χώρα encontra sua verdade última; e, inversamente, somente se é fundamentado numa teoria da χώρα, o panteísmo adquire seu sentido autêntico, incomparável.

28.

O dizível conhece uma não precária ressurreição no século XIV com Gregório de Rímini. Os filósofos e os teólogos discutiam se o objeto do conhecimento era a proposição (o plexo linguístico-mental em que ela se exprime) ou uma realidade *extra animam*. Entre os dois termos dessa falsa alternativa o gênio de Gregório insere um *tertium*: o verdadeiro objeto do conhecimento – e, por conseguinte, a verdade que interessa à linguagem – não é a proposição (a *enuntiatum*) nem um objeto existente fora da mente, mas o *enuntiabile* ou o *complexe significabile* ou o significado da proposição, cujo particular modo de ser ele tenta definir para além do ser e do não ser, da mente e da realidade extramental. Num trecho das *Categorias* (12b 5-16), Aristóteles havia escrito que, enquanto a afirmação e a negação (por exemplo: "senta" ou "não senta") são discursos (λόγοι), a coisa (πρᾶγμα) que está em questão nelas (que Aristóteles exprime com o infinito: "o estar sentado" ou o "não estar sentado") não é um discurso. Comentando essa passagem, Gregório deduz que verdadeiras ou falsas não são as proposições, tampouco as coisas reais, mas o enunciável ou o significável que, seguindo o exemplo de Aristóteles, ele exprime com uma proposição infinitiva: "o ser homem burro" ou "o não ser o homem burro".

Decisivo é aqui o modo como Gregório concebe o ser desse *tertium*, que, enquanto não coincide nem com a proposição nem com o objeto externo, corre o risco de desaparecer como um nada. A "coisa" que está em questão na proposição verdadeira "o homem é branco" não é, sugere Gregório, nem a coisa "homem", nem a coisa "branco", nem a conjunção logica através da cópula, mas sim uma *res sui generis* – "o ser homem branco", que não está nem na mente nem na realidade, mas está de alguma forma para além da existência e da não existência. Assim, também no caso da tese metafisica: "Deus é (*Deus est*)", o enunciável (o *complexe significabile*) que lhe corresponde – "Deus ser" (*Deum esse*) – "não é outro, isto é, uma outra entidade em relação a Deus (*alia entitas quam Deus*) e, todavia, não é Deus, nem, em geral, nenhuma entidade" (*Sent.*, I, dist. I, quaest. I art. I)[47].

---

[47] Ver Mario Dal Pra, *Logica e realtà: momenti del pensiero medievale* (Bari, Laterza, 1974), p. 146.

É curioso que os historiadores da filosofia, que se dedicaram ao problema, não tenham registrado a evidente conexão terminológica com o λεκτόν e com o dizível da tradição estoica (que, por meio da *Dialectica* de Agostinho, não eram desconhecidos na Idade Média). Eles afirmam que o *significabile* de Gregório implica uma existência totalmente particular, que "não coincide nem com a entidade do mundo externo nem com as simples entidades mentais constituídas pelos termos ou pelas preposições, mas dá lugar a *um mundo dos significados*"[48]; mas não percebem que o que reaflora aqui na consciência filosófica é o mesmo problema com que Platão se confrontou por meio das ideias e que os estoicos retomaram com o seu dizível. A verdade que se exprime na linguagem – e, dado que não temos outra forma de experimentá-la, a verdade que interessa a nós, homens falantes – não é nem um fato real nem um ente somente mental, tampouco "um mundo dos significados": é, mais do que isso, uma ideia, um puramente dizível, que neutraliza radicalmente as estéreis oposições mental/real, existente/não existente, significante/significado. E isso – e não outra coisa – é o objeto da filosofia e do pensamento.

א Muitos séculos depois, o *complexe significabile* de Gregório de Rímini reaparece – talvez em sua formulação terminologicamente

---
[48] Ibidem, p. 145.

mais inventiva – em Alexius Meinong. Esse aluno de Brentano, que escolheu o pseudônimo Meinong para esconder o fato de que pertencia à nobreza, propõe-se definir uma disciplina "que até agora nunca fora concebida", ou seja, uma ciência "que elabora seus objetos sem se limitar ao caso particular de sua existência"[49]. Ele chama de "objetivos" (*Objektive*) esses objetos puros do conhecimento, que delimitam uma região da realidade indiferente ao problema da existência (*daseinsfrei*) e para os quais, portanto, vale o axioma: "se dão objetos, para os quais é verdade que objetos do gênero não se dão". Mesmo que às vezes Meinong escolha seus exemplos entre os conceitos impossíveis, como a "montanha de ouro", o "círculo quadrado" ou a quimera, ele chama por excelência "objetivos" aqueles conteúdos das proposições ("a neve é branca" ou "o azul não existe") cuja consistência ele, como seus predecessores medievais, não situa nem *in re* nem na mente, mas num *no man's land* que ele chama de "quasesser" (*Quasisein*)" ou "forasser" (*Aussersein*). O que disso interessa à linguagem é uma coisa "sem pátria" (*heimatlos*), que não pertence nem ao ser nem ao não ser.

A ciência do objeto, que, enquanto ciência geral do não real, poderíamos supor complementar, como sugere seu inventor, à metafísica como ciência geral do real, assemelha-se certamente à patafísica que, exatamente nos mesmos anos, Jarry definia como "ciência do que

---

[49] Alexius Meinong, "Selbstdarstellung", em *Die deutsche Philosophie der Gegenwart in Selbstdarstellungen* (ed. Raymund Schmidt, Leipzig, Meiner, 1921), v. 1, p. 82; ed. it.: *Teoria dell'oggetto* (trad. Emanuele Coccia, Macerata, Quodlibet, 2003), p. 82.

se acrescenta à metafísica". Em todo caso, é significativo que, no final da história da filosofia ocidental, a sobrevivência do que, em seu momento inicial, definia o objeto por excelência do pensamento deva ser procurada em concepções que a historiografia filosófica rubrica numa posição pelo menos marginal. Contudo, no "forasser" de Meinong vibra, com certeza, um eco – lábil, contido e provavelmente inconsciente – da intenção que Platão confiara ao seu ἐπέκεινα τῆς οὐσίας.

Sobre escrever proêmios

Na *Terceira carta* (316a), Platão declara "ter-se dedicado com certa seriedade aos proêmios das leis (περὶ τῶν νόμων προοίμια σπουδάσαντα μετρίως)". Que se tratava de uma verdadeira atividade de escrita fica claro com o que ele acrescenta pouco depois: "Ouvi dizer que posteriormente alguns de vocês reelaboraram esses proêmios, mas a diferença das duas partes [*scil.* a escrita por mim e a reelaborada por outros] aparecerá claramente para quem sabe reconhecer meu temperamento (τὸ ἐμὸν ἦθος)". Se considerarmos que, na *Sétima carta*, Platão parece lançar uma suspeita de escassa seriedade sobre qualquer tentativa de colocar por escrito argumentos filosóficos (a suspeita poderia também ser relativa a seus diálogos), é possível que ele estivesse convencido de que a redação daqueles proêmios (que lhe pertencia, como sugere, de forma inconfundível) fosse uma das poucas escritas sérias que ele produzira durante sua longa vida. Tais escritas, infelizmente, se perderam.

Nas *Leis*, uma de suas obras mais tardias, Platão, jogando com o duplo significado de νόμος ("composição musical cantada em homenagem a um deus" e "lei"), retorna ao problema dos proêmios das leis (e isso nos faz pensar que a carta seja autêntica).

Em todos os discursos e em tudo em que participa a voz – diz o interlocutor do diálogo designado como "o Ateniense" – há proêmios (προοίμια) e, por assim dizer, exercícios preparatórios (ἀνακινήσεις) que contêm certa tentativa de começo de acordo com a arte (ἔντεχνον), útil para o que se seguirá depois. Também nos chamados νόμος citaredos e em qualquer espécie de música vêm antes prelúdios admiravelmente elaborados. Ao contrário, aos verdadeiros νόμος [ou seja, as leis], que digamos são aqueles políticos, ninguém antepôs nenhum proêmio nem, tendo-o composto, o trouxe depois à luz, como se ele não estivesse de acordo com a natureza. A conversa que tivemos significa, ao contrário, segundo me parece, que sim e que as leis sobre as quais falamos [aquelas feitas para os homens livres], que antes me pareceram dúplices, não são simplesmente tais, mas são duas coisas: leis e proêmios de leis. O comando (ἐπίταγμα) tirânico, que comparamos às prescrições daqueles médicos que chamávamos de não livres, é justamente a lei pura (ἄκρατος, não misturada); o que vem antes, que chamamos de elemento persuasivo (πειστικόν), já que serve para persuadir, tem a mesma função dos proêmios que são feitos nos discursos. Dado que todo esse discurso que o legislador faz busca persuadir, parece-me que é feito com o objetivo de predispor aquele a quem ele dirige a lei para acolher amavelmente seu comando, ou seja, a lei. Por isso, pode-se dizer com razão que ele constitui o proêmio (προοίμια), não o discurso (λόγος) da lei [...]. O legislador, antes de todas as leis e para cada uma delas, deve ter o cuidado de fazer um proêmio, de modo que elas se diferenciem entre si, como as duas leis das quais falávamos antes. (722d – 723b)

O aceno aos discursos em geral ("tudo em que participa a voz") e aos νόμοι musicais nos permite inferir que o estatuto especial que Platão dá aqui ao proêmio vai além do âmbito da legislação em sentido estrito. É ao menos o que o Ateniense parece sugerir logo depois, apresentando todo o diálogo que se seguirá como prelúdio:

Não hesitemos, mas, voltando ao argumento, comecemos, se assim lhes agradar, daquilo que disse antes sem nenhuma intenção de fazer proêmios. Retomemos, então, do início – como dizem os jogadores, a segunda prova é melhor do que a primeira – para fazer um proêmio e não um discurso (λόγος) aleatório. Fique então acordado que começaremos por um proêmio [...]. (723d-e).

Se a conversa desenvolvida até então já era, na verdade, somente um proêmio, agora o objetivo é fazer conscientemente um proêmio e não um discurso.

Assim como, numa boa lei, devem ser distinguidos, segundo Platão, um proêmio e um λόγος em sentido estrito (o comando), da mesma forma num discurso humano é possível distinguir um elemento proemial de um elemento propriamente discursivo ou prescritivo. Toda palavra humana é proêmio (προοίμιον) ou discurso (λόγος), persuasão ou comando, e pode ser oportuno, ao falar, misturar os dois elementos ou mantê-los separados.

Se a linguagem humana consta de dois elementos diferentes, a qual deles pertence o discurso filosófico? As palavras do Ateniense ("fazer um proêmio e não um discurso") parecem sugerir sem reservas que o diálogo *Leis* – e, portanto, talvez, cada um dos diálogos que Platão nos deixou – deve ser considerado simplesmente como um proêmio.

Assim como uma lei pura (ἄκρατος, não misturada), isto é, sem proêmio, é tirânica, tirânico também é um discurso desprovido de proêmios, que se limita a formular teorias, por mais corretas que sejam. Isso explicaria a hostilidade de Platão em relação à enunciação de teorias e opiniões verdadeiras e ao fato de ele recorrer mais ao mito do que à argumentação lógica. A palavra filosófica é essencial e constitutivamente proemial. É elemento proemial que deve estar presente em todo discurso humano. Mas, se o proêmio da lei antecede e introduz a parte normativa da lei – as prescrições e as proibições –, a palavra filosófica constitui o proêmio de quê?

Segundo uma tradição que os estudiosos modernos retomaram, ao lado dos escritos exotéricos de Platão – os diálogos –

circulavam na Academia doutrinas esotéricas, que o filósofo teria formulado de forma assertiva. Nessa perspectiva, os diálogos que conhecemos poderiam ser considerados proêmios e introduções às doutrinas esotéricas que os estudiosos buscam reconstruir de forma necessariamente discursiva. Se, porém, o que Platão diz nas *Leis* é para ser levado a sério, se o caráter de proemialidade é consubstancial com a filosofia, então é improvável que ele tenha podido formular de modo assertivo as doutrinas que lhe eram mais caras. Também as doutrinas esotéricas – posto que existissem – deveriam ter uma forma proemial. No único texto conservado em que se dirige a pessoas íntimas para expor seu pensamento – a *Sétima carta* –, Platão não somente exclui poder colocar por escrito ou até mesmo comunicar em forma de ciência o que lhe era realmente caro, mas a célebre digressão filosófica (que ele chama de "discurso verdadeiro", mas também de "mito e divagação – μῦθος καὶ πλάνος") que ele introduz nesse ponto para explicar por que isso é possível é formulada em termos tão pouco argumentativos que ela sempre foi considerada – com ou sem razão – um texto místico particularmente obscuro.

O caráter proemial da palavra filosófica não significa, portanto, que ele remeta a um discurso filosófico pós-proemial, mas refere-se à própria natureza da linguagem, à sua "fraqueza" (διὰ τὸ τῶν λόγων ἀσθενές, Plat. *Epist*. VII, 343a 1), toda vez que ela for chamada a se confrontar com problemas mais sérios. A filosofia é proêmio, não de outro discurso mais filosófico, mas, por assim dizer, da própria linguagem e de sua inadequação. Mas justamente por isso – isto é, enquanto ela dispõe de uma consistência linguística própria, que é a proemial – o discurso filosófico não é um discurso místico, que, contra a linguagem, tome partido pelo inefável. A filosofia é aquele discurso que se limita a ser proêmio do discurso não filosófico, mostrando sua insuficiência.

Procuremos desenvolver, para além do contexto platônico, a tese da natureza proemial do discurso filosófico. A filosofia é aquele discurso que leva qualquer discurso ao proêmio. Generalizando, poderíamos dizer que a filosofia se identifica com o elemento proemial da linguagem e se atém rigorosamente a ele. Ou seja, evita passar para discurso ou comando, enunciar seriamente teses ou proibições. (A crítica paulina do "comando" – ἐντολή – da lei na *Carta aos Romanos* pode ser vista como uma tentativa de purificar a lei do comando para devolvê-la à sua natureza proemial, que é persuasiva). O uso do mito e da ironia em Platão deve ser visto nessa perspectiva: ele lembra a quem fala e a quem escuta o caráter necessariamente proemial de qualquer discurso humano que preze a verdade. O elemento filosófico de um discurso é aquele que testemunha essa consciência, não no sentido do ceticismo, que põe em questão a mesma verdade, mas naquele da firme intenção de se ater ao caráter necessariamente proemial e preparatório do que se está dizendo.

Contudo, também o proêmio, por mais que procure escrupulosamente se manter dentro de seus limites, só pode, no final, mostrar sua insuficiência, que coincide, de resto, com sua natureza preliminar e, portanto, necessariamente inconcludente. Isso aparece com clareza logo no final das *Leis*, quando, depois de aparentemente ter tratado de todos os detalhes da constituição da cidade e da vida dos cidadãos, o diálogo se conclui com a consciência de que o mais importante permanece ainda por fazer. Segundo um gesto característico do Platão tardio, essa tese é formulada na forma irônica de uma brincadeira e de um jogo de palavras:

> Não é possível – explica o Ateniense – legiferar sobre essas coisas, se antes não se colocou ordem; só então será possível legiferar sobre quem deve ter a autoridade suprema. A doutrina sobre a preparação dessas coisas só pode, de fato, ter sucesso depois de um longo estar junto (πολλὴν συνουσίαν, as mesmas palavras com as quais a *Sétima carta* resume a condição do conseguimento da verdade), [...] não seria justo, contudo, dizer que as coisas relativas a esse argumento são indizíveis (ἀπόρρητα): elas são sobretudo im-pres-cindíveis (ἀπόρρητα, que não podem ser ditas antes), enquanto, pré-dizendo-as, (προρρθέητα) não se coloca nada às claras. (968e)

A natureza proemial do diálogo é assim rebatida, mas, ao mesmo tempo, afirma-se que somente um discurso que venha depois – ou seja, um epílogo – é o decisivo. A filosofia é constitutivamente proêmio e, todavia, o objeto de interesse da filosofia não é o indizível, mas o im-predizível, o que não pode ser dito num proêmio: adequado ao objetivo, realmente filosófico, seria somente o epílogo. O proêmio deve se transformar em epílogo, o prelúdio em poslúdio: em todo caso, porém, o λόγος está ausente, o *ludus* só pode faltar.

Tudo o que o filósofo escreve – tudo o que escrevi – não é senão um proêmio a uma obra não escrita ou – o que é, no fundo, a mesma coisa – um pósludio cujo *ludus* está ausente. A escrita filosófica só pode ter uma natureza proemial e epilogal. Isso significa, talvez, que ela não tem a ver com o que pode ser dito por meio da linguagem, mas com o próprio λόγος, com o puro dar-se da linguagem como tal. O evento, que está em questão na linguagem, só pode ser anunciado ou dispensado, nunca dito (não que ele seja indizível – indizível significa somente im-predizível; ele coincide, sobretudo, com o dar-se dos discursos, com o fato de os homens não cessarem de se falar um com o outro). O que se consegue dizer da linguagem é somente prefácio ou postila, e os filósofos se distinguem segundo o que preferem, a primeira ou a segunda, atendo-se ao momento poético do pensamento (a poesia é sempre anúncio) ou ao gesto de quem, por último, repousa a lira e contempla. Em todo caso, o que se contempla é o não dito, a dispensa da palavra coincide com seu anúncio.

Apêndice
A música suprema. Música e política

1.

A filosofia só pode dar-se hoje como reforma da música. Se chamamos de música a experiência da Musa, ou seja, a da origem e do ter lugar da palavra, então em certa sociedade e em certo tempo a música expressa e governa a relação dos homens com o acontecimento da palavra. Esse acontecimento de fato – ou seja, o arquiacontecimento que constitui o homem como ser falante – não pode ser dito no interior da linguagem: pode somente ser evocado e rememorado musaica ou musicalmente. As musas expressavam na Grécia essa articulação originária do acontecimento da palavra, que, acontecendo, se destina e se comparte em nove formas ou modalidades, sem que seja possível para o falante remontar para além delas. Tal impossibilidade de acessar o lugar originário da palavra é a música. Nela é expresso algo que na linguagem não pode ser dito. Como é imediatamente evidente quando se toca ou se escuta música, o canto celebra ou lamenta antes de tudo uma impossibilidade de dizer, a impossibilidade – dolorosa ou alegre, hínica ou elegíaca – de acessar o acontecimento da palavra que constitui os homens como humanos.

א O hino às Musas, que figura como proêmio à *Teogonia* de Hesíodo, mostra que os poetas tinham consciência do problema que coloca o início do canto num contexto musaico. A dúplice estrutura do proêmio, que repete duas vezes o exórdio (v. I: "Pelas Musas heliconíades comecemos"; "Pelas Musas comecemos"), não se deve somente, como sugeriu com perspicácia Paul Friedländer[1], à necessidade de introduzir o episódio inédito do encontro do poeta com as Musas numa estrutura hínica tradicional em que isso não estava absolutamente previsto. Há, para essa inesperada repetição, uma outra e mais significativa razão, que concerne à mesma tomada de palavra por parte do poeta, ou, mais especificamente, à posição da instância enunciativa num âmbito em que não está claro se essa instância cabe ao poeta ou às Musas. Decisivos são os versos 22-25, em que, como não deixaram de notar os estudiosos, o discurso passa bruscamente de uma narração em terceira pessoa a uma instância enunciativa que contém o *shifter* "eu" (numa primeira vez no acusativo – με – e depois, nos versos seguintes, no dativo – μοι):

---

[1] Paul Friedländer, "Das Proömium von Hesiods Theogonie", *Hermes*, v. 49, 1914, p. 14-6.

Apêndice – A música suprema. Música e política

> Elas (as Musas) uma vez (ποτε) ensinaram a Hesíodo um belo canto
> enquanto pastoreava o rebanho ao pé do divino Hélicon:
> esse discurso antes de tudo (πρώπστα) a mim (με) dirigiram as deusas [...]

Trata-se, segundo toda evidência, de inserir o eu do poeta como sujeito da enunciação num contexto em que o início do canto pertence incontestavelmente às Musas, mas é proferido pelo poeta: Μουσάων ἀρχώμεθα, "Comecemos pelas Musas" – ou, melhor, se for levada em consideração a forma média e não ativa do verbo: "Pelas Musas é o início, pelas Musas iniciamos e somos iniciados"; as Musas, de fato, dizem com voz concorde "o que foi, o que será e o que fora" e o canto "flui suave e incansável de suas bocas" (v. 38-40).

O contraste entre a origem musaica da palavra e a instância subjetiva da enunciação é muito mais forte, ao passo que todo o resto do hino (e de todo o poema, salvo a retomada enunciativa por parte do poeta nos v. 963-965: "A vós ora salve...") conta em forma narrativa o nascimento das Musas da titânide Mnemosine, que se uniu nove noites consecutivas com Zeus, lista seus nomes – que, nesse estágio, não correspondiam ainda a um gênero literário determinado ("Clio e Euterpe e Tália e Melpômene/ Terpsícore e Erato e Polímnia e Urânia/ e Calíope, a mais ilustre de todas") – e descreve sua relação com os aedos (v. 94-97: "Pelas Musas, de fato, e pelo Apolo longeatirante/são os aedos e citaristas [...]/ bendito quem as Musas amam/ doce flui de sua boca o canto".

A origem da palavra é musaicamente – ou seja, musicalmente – determinada e o sujeito falante – o poeta – tem de lidar com a problematicidade do próprio início. Mesmo que a Musa tenha perdido o significado cultual que possuía no mundo antigo, o nível da poesia depende ainda hoje do modo como o poeta consegue dar forma musical à dificuldade da tomada da palavra – como chega a fazer sua uma palavra que não lhe pertence e à qual se limita a emprestar a voz.

2.

A Musa canta, dá ao homem o canto, porque ela simboliza a impossibilidade do ser falante de se apropriar integralmente da linguagem da qual fez sua morada vital. Essa estranheza marca a distância que separa o canto humano daquele dos demais seres vivos. Há música, o homem não se limita a falar e sente, ao contrário, a necessidade de cantar, porque a linguagem não é a sua voz, porque ele mora na linguagem sem poder fazer dela a sua voz. Cantando, o homem celebra e comemora a voz que não tem mais e que, como ensina o mito das cigarras em *Fedro*, só poderia reencontrar se cessasse de ser homem e se tornasse animal ("Quando nasceram as Musas e surgiu o canto, alguns homens foram tomados por um tal prazer, que, cantando, não se preocupavam mais em comer e beber e morriam sem se darem conta. Desses homens teve origem a estirpe das cigarras [...]", 259b-c).

Por isso, à música correspondem necessariamente, antes mesmo das palavras, as tonalidades emotivas: equilibradas, corajosas e firmes no modo dórico, plangentes e lânguidas no jônico e no lídio (*Resp.* 398e – 399a). E é peculiar que também na obra-prima da filosofia do século XX, *Ser e tempo**, a abertura originária do homem para o mundo não acontece por meio do conhecimento racional e da linguagem, mas antes de tudo numa *Stimmung*, num tom emotivo que o próprio termo remete à esfera acústica (*Stimme é a voz*). *A Musa – a música – marca a cisão entre o homem e sua linguagem, entre a voz e o logos*. A abertura primária para o mundo não é lógica, é musical.

א Daí a obstinação com que Platão e Aristóteles, mas também teóricos da música como Damão e os próprios legisladores, afirmam a necessidade de não separar música e palavra. "O que no canto é linguagem", argumenta Sócrates na *República* (398d), "não difere em nada da linguagem não cantada (μὴ ἀδομένου λόγου) e tem de se conformar aos mesmos modelos"; e logo depois enuncia com firmeza o teorema segundo o qual "a harmonia e o ritmo devem seguir o discurso (ἀκολουθεῖν τῷ λόγῳ)" (ibidem). A mesma formulação, "o que no canto é linguagem", implica, contudo, que exista nela algo de irredutível à palavra, assim como a insistência em sancionar sua inseparabilidade revela a consciência de que a

---

* Martin Heidegger, *Ser e tempo* (trad. e org. Fausto Castilho, Campinas/Petrópolis, Ed. Unicamp/Vozes, 2014). (N. E.)

música é eminentemente separável. Justamente porque a música marca a estranheza do lugar originário da palavra, é perfeitamente compreensível que ela possa tender a exasperar a própria autonomia em relação à linguagem; e todavia, pelas mesmas razões, é igualmente compreensível a preocupação para que não se rompa completamente o nexo que as mantinha juntas.

Entre o final do século V e as primeiras décadas do século IV na Grécia assiste-se, de fato, a uma verdadeira revolução dos estilos musicais, ligada aos nomes de Melanípedes, Cinésias, Frínis e, sobretudo, Timóteo de Mileto. A fratura entre sistema linguístico e sistema musical torna-se progressivamente insanável, até que no século III a música acaba por predominar decididamente sobre a palavra. Mas, já nos dramas de Eurípedes, um observador atento como Aristófanes podia perceber, fazendo dela uma paródia em *As rãs**, que a relação de subordinação da melodia ao seu suporte métrico no verso já estava subvertida. Na paródia de Aristófanes, a multiplicação das notas em relação às silabas é icasticamente expressa pela transformação do verbo εἰλίσσω (voltar) em εἰειειειλίσσω. Em todo caso, apesar da tenaz resistência dos filósofos, em suas obras sobre a música Aristóxenes, que também era discípulo de Aristóteles e criticava as mudanças introduzidas pela nova música, põe como base do canto não mais a unidade fonemática do pé métrico, mas uma unidade puramente musical, que ele denomina "tempo primeiro" (χρόνος πρῶτος) e é independente da sílaba.

---

* Aristófanes, *As rãs* (trad. e org. Trajano Vieira, São Paulo, Cosac Naify, 2014). (N. E.)

Se, no plano da história da música, as críticas dos filósofos (que também iriam repetir-se muitos séculos depois na redescoberta da monodia clássica por parte da Camerata Fiorentina e de Vincenzo Galilei e na peremptória prescrição de Carlos Borromeu: "cantum ita temperari, ut verba intelligerentur") só podiam parecer excessivamente conservadoras, o que nos interessa aqui são mais as razões profundas da oposição deles, da qual eles mesmos nem sempre eram conscientes. Se a música, como hoje parece acontecer, rompe sua necessária relação com a palavra, isso significa, de um lado, que ela perde a consciência de sua natureza musaica (ou seja, de seu situar-se no lugar originário da palavra) e, por outro, que o homem falante esquece que seu ser, sempre já musicalmente disposto, tem constitutivamente a ver com a impossibilidade de acessar o lugar musaico da palavra. *Homo canens* e *homo loquens* dividem seus caminhos e perdem a memória da relação que os vinculava à Musa.

3.

Se o acesso à palavra é, nesse sentido, musaicamente determinado, compreende-se que para os gregos o nexo entre música e política era tão evidente que Platão e Aristóteles tratam questões musicais somente em obras que consagram à política. A relação daquilo que eles chamavam μουσική (que compreendia a poesia, a música em sentido próprio e a dança) com a política era tão estreita que, na *República*, Platão subscreve o aforismo de Damão segundo o qual "não se podem trocar os modos musicais sem mudar as leis fundamentais da cidade" (424c). Os homens se juntam e organizam as Constituições de suas cidades mediante a linguagem, mas a experiência da linguagem – pois não é possível alcançar e controlar sua origem – é, por sua vez, desde sempre musicalmente condicionada. A falta de fundamento do λόγος funda o primado da música e faz com que qualquer discurso seja desde sempre afinado. Por isso, antes mesmo das tradições e preceitos que se transmitem por meio da língua, os homens em qualquer tempo são mais ou menos conscientemente educados e dispostos politicamente por intermédio da música. Os gregos sabiam perfeitamente o que fingimos ignorar, isto é, que é possível manipular e controlar uma sociedade não somente pela linguagem, mas, sobretudo, pela música. Assim como igual e mais eficaz do que o comando do oficial é, para o soldado, o toque do trompete ou o bater do tambor, em qualquer âmbito e antes de qualquer discurso, também os sentimentos e os estados de espírito que precedem a ação e o pensamento são determinados e orientados musicalmente. Nesse sentido, o estado da música (incluída nesse termo toda a esfera que imprecisamente definimos com o termo "arte") define a condição política de uma determinada sociedade melhor e antes de qualquer outro índice, e, se quisermos mudar o ordenamento de uma cidade, é necessário acima de tudo reformar sua música. A música ruim que

Apêndice – A música suprema. Música e política

hoje invade a todo instante e em todo lugar as nossas cidades é inseparável da política ruim que as governa.

א É significativo que a *Política* de Aristóteles se conclua com um verdadeiro tratado sobre a música – mais do que isso, sobre a importância da música para a educação política dos cidadãos. Aristóteles começa, de fato, declarando que tratará da música não como diversão (παιδιά), mas como parte essencial da educação (παιδεία), pois ela tem como fim a virtude: "assim como a ginástica produz certa qualidade do corpo, também a música produz certo *ethos*" (1339a 24). O motivo central da concepção aristotélica da música é a influência que ela exerce sobre a alma:

> É evidente que somos afetados e transformados de certo modo pelos diversos gêneros de música, como, em particular, pelas melodias do Olimpo. É opinião comum que elas deixam a alma entusiasmada (ποιεῖ τὰς ψυχὰς ἐνθουσιαστικάς) e o entusiasmo é uma paixão (πάθος) do *ethos* em relação à alma. Todos, escutando as imitações (musicais), graças aos ritmos e às melodias, entram num estado de espírito empático (γίγνονται συμπαθεῖς), mesmo na falta de palavras. (1340a 5-11)

Isso acontece, explica Aristóteles, porque os ritmos e as melodias contêm imagens (ὁμοιώματα) e imitações (μιμήματα) da ira e da brandura, da coragem, da prudência e outras qualidades éticas. Por isso, quando os escutamos, a alma é afetada de diferentes formas em correspondência com cada modo musical: em modo "plangente e constrito" no mixolídio, em estado de espírito "equilibrado (μέσως) e mais firme" no dórico, "entusiástico" no frígio (1340b 1-5). Ele aceita assim a classificação das melodias em éticas, práticas e entusiastas e recomenda para a educação dos jovens o modo dórico, na medida em que é "mais firme" (στασιμώτερον) e de caráter viril (ἀνδρεῖον, 1342b 14). Como já havia feito Platão, Aristóteles se refere aqui a uma antiga tradição que identificava o significado político da música com sua capacidade de pôr ordem na alma (ou, ao contrário, de lhe excitar confusão). As fontes nos informam que no século VII a.C., quando Esparta se encontrava em situação de discórdia civil, o oráculo sugeriu chamar o "cantor de Lesbos" Terpandro, que, com seu canto, restituiu ordem à cidade. O mesmo se dizia de Estesícoro em relação às lutas intestinas na cidade de Locros.

4.

Com Platão, a filosofia se afirma como crítica e superação do ordenamento musical da *polis* ateniense. Isso, personificado pelo rapsodo Íon, que é possuído pela Musa como um anel de metal por um ímã, implica a impossibilidade de dar conta dos próprios saberes e das próprias ações, de "pensá-los".

> Tal pedra (o ímã) não atrai somente os anéis de ferro, mas também incute neles a capacidade de fazer o que a pedra faz, ou seja, atrair outros anéis, de modo que será produzida uma grande cadeia de anéis pendurados uns aos outros, dependendo da

pedra a capacidade de cada um deles. Da mesma forma, a Musa enche alguns homens de inspiração divina e, por meio deles, solda uma cadeia de outros homens igualmente entusiastas [...] o espectador não é senão o último dos anéis [...] o anel do meio és tu, o rapsodo, enquanto o primeiro é o próprio poeta [...] e um poeta se agarra a certa Musa, outro a uma outra e, nesse caso, dizemos que ele é possuído [...], de fato, tu não dizes o que dizes de Homero por arte e ciência, mas por uma sorte divina (θεία μοίρᾳ) [...]. (Plat. *Ion.* 533d – 534c)

Em oposição à παιδεία musaica, a reivindicação da filosofia como "a verdadeira Musa" (*Resp.* 548b 8) e "a música suprema" (*Phaid.* 61 a) significa a tentativa de remontar para além da inspiração na direção daquele acontecimento da palavra, cujo limiar é vigiado e barrado pela Musa. Ao passo que os poetas, os rapsodos e, mais em geral, qualquer homem virtuoso agem por uma θεῖα μοῖρα, um destino divino do qual não são capazes de dar conta, trata-se de fundar os discursos e as ações num lugar mais originário do que a inspiração musaica e sua μανία.

Por isso, na *República* (499d), Platão pode definir a filosofia como αὐτὴ ἡ Μοῦσα, a própria Musa (ou a ideia da Musa – αὐτός seguido do artigo é o termo técnico para expressar a ideia). Aqui está em questão o próprio lugar da filosofia: ele coincide com o da Musa, ou seja, com a origem da palavra – é, nesse sentido, necessariamente proemial. Situando-se assim no evento originário da linguagem, o filósofo reconduz o homem ao lugar de seu devir humano, a partir do qual somente ele pode recordar-se do tempo em que não era ainda homem (*Men.* 86a: ὁ χρόνος ὅτ' οὐκ ἦν ἄνθρωπος). A filosofia pula o princípio musaico em direção à memória, de Mnemosine como mãe das Musas, e, dessa forma, libera o homem da θεῖα μοῖρα e possibilita o pensamento. O pensamento é, de fato, a dimensão que se abre quando, remontando para além da inspiração musaica que não lhe permite conhecer o que diz, o homem se torna, de algum modo, *autor*, isto é, fiador e testemunha das próprias palavras e das próprias ações.

א Decisivo, porém, é o fato de que, no *Fedro*, a tarefa do filósofo não é confiada simplesmente a um saber, mas a uma forma especial de *mania*, afim e, ao mesmo tempo, diferente das demais. Essa quarta espécie de mania, de fato – a mania erótica – não é homogênea às outras três (a profética, a teléstica e a poética), mas distingue-se delas essencialmente por duas características. Ela está, acima de tudo, ligada ao automovimento da alma (αὐτοκίνητον, 245c), ao seu não ser movida por outra coisa e a seu ser, por isso, imortal; ademais, é uma operação da memória, que lembra o que a alma viu em seu voo divino ("esta é uma reminiscência (ἀνάμνησις) do que nossa alma viu uma vez [...]", 249c) e é essa anamnese que define sua natureza ("este é o ponto de chegada de todo o discurso sobre a quarta mania, quando alguém vendo algo de belo e lembrando-se do belo verdadeiro

[...]", 249d). Essas duas características a opõem pontualmente às outras formas de mania, em que o princípio do movimento é exterior (no caso da loucura poética, a Musa) e a inspiração não é capaz de volver com a memória na direção do que a determina e a faz falar. O que inspira, aqui, não são mais as Musas, mas sua mãe, Mnemosine. Platão converte, assim, a inspiração em memória, e tal inversão em memória da θεῖα μοῖρα – do destino – define seu gesto filosófico.

Enquanto mania que move e inspira a si mesma, a mania filosófica (porque é disso que se trata: "Só a mente do filósofo te dá asas", 249c) é, por assim dizer, uma mania da mania, uma mania que tem por objeto a mesma mania ou inspiração e atinge, portanto, o lugar mesmo do princípio musaico. Quando, no final de *Mênon* (99e – 100b), Sócrates afirma que a virtude política não é nem por natureza (φύσει) nem transmissível por ensinamento (διδακτόν), mas produz-se por uma θεῖα μοῖρα sem consciência e, por isso, os políticos não são capazes de comunicá-la aos outros cidadãos, ele apresenta implicitamente a filosofia como algo que, sem ser nem pela sorte divina nem pela ciência, é capaz de produzir nas almas a virtude política. Mas isso só pode significar que ela se situa no lugar da Musa e a substitui.

Walter Otto, por outro lado, observou justamente que "a voz que antecede a palavra humana pertence ao próprio ser das coisas, como uma revelação divina que o deixa vir à luz em sua essência e em sua glória"[2]. A palavra que a Musa doa ao poeta provém das

---

[2] Walter Otto, *Die Musen und der göttliche Ursprung des Singens und Sagens* (Düsseldorf, Diederichs, 1954).

próprias coisas e a Musa não é, nesse sentido, senão o abrir-se e o comunicar-se do ser. Por isso, as figurações mais antigas das Musas, como a estupenda Melpômene do Museu Nacional Romano, no Palazzo Massimo, em Roma, apresentam-nas simplesmente como meninas em sua plenitude ninfal. Remontando até o princípio musaico da palavra, o filósofo deve confrontar-se não somente com algo de linguístico, mas também, e sobretudo, com o próprio ser que a palavra revela.

5.
Se a música é constitutivamente ligada à experiência dos limites da linguagem e se, vice-versa, a experiência dos limites da linguagem – e, com ela, a política – é musicalmente condicionada, então uma análise da situação da música em nosso tempo deve se iniciar pela constatação de que é justamente essa experiência dos limites musaicos que nela veio a faltar. A linguagem se dá hoje como tagarelice que nunca se choca com seu próprio limite e parece ter perdido toda consciência de seu íntimo nexo com o que não se pode dizer, ou seja, com o tempo em que o homem ainda não era falante. A uma linguagem sem margens nem fronteiras corresponde uma música não mais musaicamente afinada, e a uma música que deu as costas para a própria origem corresponde uma política sem consistência nem lugar. Onde indiferentemente tudo parece poder

ser dito, o canto vem a faltar e, com isso, os tons emotivos que musaicamente o articulam. A nossa sociedade – em que a música parece penetrar freneticamente em todo lugar – é, na realidade, a primeira comunidade humana não musaicamente (ou amusaicamente) afinada. A sensação de depressão e apatia geral só faz registrar a perda do nexo musaico com a linguagem, fantasiando de síndrome médica o eclipse da política que é seu resultado. Isso significa que o nexo musaico, que perdeu sua relação com os limites da linguagem, produz não mais uma θεῖα μοῖρα, mas uma espécie de missão ou inspiração branca, que não se articula mais segundo a pluralidade dos conteúdos musaicos, mas gira em falso. Imêmores de sua solidariedade originária, linguagem e música dividem seus destinos e permanecem, contudo, unidas numa mesma vacuidade.

א É nesse sentido que a filosofia somente se pode dar hoje como reforma da música. Dado que o eclipse da política forma uma coisa só com a perda da experiência do musaico, a tarefa política é hoje constitutivamente uma tarefa poética, em relação à qual é necessário que artistas e filósofos unam suas forças. Os homens políticos atuais não são capazes de pensar, porque tanto sua linguagem quanto sua música giram musaicamente em falso. Se chamamos de pensamento o espaço que se abre sempre que acessamos a experiência do princípio musaico da palavra, então é com a incapacidade de pensar do nosso tempo que devemos nos confrontar. E se, segundo a sugestão de Hannah Arendt, o pensamento coincide com a capacidade de interromper o fluxo insensato das frases e dos sons, parar esse fluxo para restituí-lo a seu lugar musaico é hoje, por excelência, a tarefa filosófica.

Referências bibliográficas

ABELARDO. Logica ingredientibus. In: _____. *Peter Abaelardus philosophischen Schriften*. Ed. Bernhard Geyer. Münster, Aschendorff, 1919. [Pedro Abelardo, *Lógica para principiantes*, trad. Ruy Afonso da Costa Nunes, São Paulo, Nova Cultural, 1988]

AGAMBEN, Giorgio. La cosa stessa. In: _____. *La potenza del pensiero: saggi e conferenze*. Vicenza, Neri Pozza, 2005 [ed. bras.: *A potência do pensamento*, trad. António Guerreiro, Belo Horizonte, Autêntica, 2015].

ALEXANDRE DE AFRODÍSIAS. *Alexandri Aphrodisiensis in Aristotelis Metaphysica commentaria*. Ed. Michael Hayduck. Berolini, 1891.

AMÔNIO DE HÉRMIAS. *Ammonii in Aristotelis*: De interpretatione commentarius. Ed. Adolfus Busse. Berlim, Reimer, 1987.

ARNIM, Hans von. *Stoicorum Veterum Fragmenta*. Leipzig, Teubner, 1903. 4 v.

BADIOU, Alain. *L'Être e l'événement*. Paris, Seuil, 1988 [ed. bras.: *O ser e o evento*, trad. Maria Luiza X. de A. Borges, Rio de Janeiro, Zahar/Editora UFRJ, 1996].

BENJAMIN, Walter. *Ursprung des deutschen Trauerspiel*. Frankfurt am Main, Suhrkamp, 1963 [ed. bras.: *Origem do drama trágico alemão*, trad. Sergio Paulo Rouanet, São Paulo, Brasiliense, 1984].

BENVENISTE, Émile. *Le Vocabulaire des institutions européennes*. Paris, Minuit, 1969. 2 v. [ed. bras.: *O vocabulário das instituições indo--europeias*, trad. Denise Bottmann, Campinas, Ed. Unicamp, 1995].

_____. Sémiologie de la langue. In: _____. *Problèmes de linguistique générale*. Paris, Gallimard, 1974 [ed. bras.: *Problemas de linguística geral II*, trad. Eduardo Guimarães, 2. ed., Campinas, Pontes, 2006].

BRÉHIER, Émile. *La Théorie des incorporels dans l'ancien stoïcisme*. Paris, Vrin, 1997.

CHERNISS, Harold. *Aristotle's Criticism of Plato and the Academy*. Baltimore, The Johns Hopkins Press, 1944.

COURTENAY, William J. Nominales and Nominalism in XII Century. In: JOLIVET, Jean; KALUZA, Zénon; DE LIBERA, Alain (orgs.). *Lectionum varietates:* hommage à Paul Vignaux. Paris, Vrin, 1991.

DAL PRA, Mario. *Logica e realtà:* momenti del pensiero medievale. Bari, Laterza, 1974.

DE RIJK, Lambertus M. Introduction. In: ABELARDO. *Dialectica*. Ed. Lambertus M. De Rijk. Assen, Van Gorcum, 1956.

DERRIDA, Jacques. *De la Grammatologie*. Paris, Minuit, 1967 [ed. bras.: *Gramatologia*, trad. Miriam Chnaiderman e Renato Janine Ribeiro, 2. ed., São Paulo, Perspectiva, 2016].

DESCARTES, René. *Correspondance avec Arnauld et Morus*. Ed. Geneviève Rodis-Lewis. Paris, Vrin, 1953.

DIANO, Carlo. Il problema della materia in Platone. In: _____. *Studi e saggi di filosofia antica*. Pádua, Antenore, 1973.

DUHEM, Pierre Maurice Marie. *Sozein ta phainomena:* essai sur la notion de théorie physique de Platon à Galilée [1908]. Paris, Vrin, 1990.

_____. *Le Système du monde:* histoire des doctrines cosmologiques de Platon à Copernic. Paris, Hermann, 1913-1959. 10 v.

FILOPONO, Giovanni. *Philoponi (olim Ammonii) in Aristotelis categorias commentarium*. Ed. Adolfus Busse. Berlim, Reimer, 1898.

FRIEDLÄNDER, Paul. Das Proömium von Hesiods Theogonie. *Hermes*, 49, 1974. p. 1-16.

HEIDEGGER, Martin. *Heraklit* (GA 55). Frankfurt am Main, Klostermann, 1987 [ed. bras.: *Heráclito*: a origem do pensamento ocidental, trad. Marcia Sá Cavalcante Schuback, 3. ed., Rio de Janeiro, Relume Dumará, 2002].

KOYRÉ, Alexandre. *Du Monde clos à l'univers infini*. Paris, Puf, 1962 [ed. bras.: *Do mundo fechado ao universo infinito*, trad. Donaldson M. Garschagen, 4. ed., Rio de Janeiro, Forense Universitária, 2010].

MALLARMÉ, Stéphane. *Oeuvres complètes*. Ed. Jean Aubry e Henri Mondor. Paris, Gallimard, 1945.

MEINONG, Alexius. Selbstdarstellung. In: _____. *Die deutsche Philosophie der Gegenwart in Selbstdarstellung*. Ed. Raymund Schmidt, Leipzig, Meiner, 1921. v. I. Ed. it.: *Teoria dell'oggetto*. Trad. Emanuele Coccia. Macerata, Quodlibet, 2003.

MELANDRI, Enzo. *La linea e il circolo:* studio logico-filosofico sull'analogia. Macerata, Quodlibet, 2004.

MILNER, Jean-Claude. Anaphore nominale et pronominale. In: _____. *Ordres et raisons de la langue*. Paris, Seuil, 1982.

_____. *Libertés, lettre, matière*. Paris, Le Perroquet, 1985.

MORE, Henry. *An Antidote against Atheism*. Londres, Flesher, 1655.

_____. *Enchiridion Metaphysicum:* sive, De Rebus Incorporeis succincta et luculenta dissertatio, Pars prima, De Existentia et Natura Rerum Incorporearum in Genere. Londres, Flesher, apud Guilielmum Morden, Bibliopolam Cantabrigiensem, 1671.

MUGLER, Charles. *Dictionnaire historique de la terminologie géométrique des grecs*. Paris, Klincksieck, 1959.

NEWTON, Isaac. *Optice:* sive de Reflexionibus, Refractionibus, Inflexionibus et Coloribus Lucis libri tres. Reed. lat. Samuel Clarke. Londres, Sam Smith e Benj. Walford, 1706 [ed. bras.: *Óptica*, trad. André Koch Torres Assis, São Paulo, Edusp, 2002].

OTTO, Walter. *Die Musen und der gottliche Ursprung des Singens und Sagens*. Düsseldorf, Diederichs, 1954.

PAQUÉ, Ruprecht. *Das Pariser Nominalistenstatut:* zur Entstehung des Realitätsbegriffs der neuzeitlichen Naturwissenschaft. Berlim, De Gruyter, 1970.

SCHUBERT, Andreas. *Untersuchungen zur stoischen Bedeutungslehre.* Göttingen, Vandenhoeck & Ruprecht, 1944.

SEXTO EMPÍRICO. Adversus mathematicos (= Πρὸς λογικούς B). In: _____. *Sextus Empiricus.* Ed. August Immanuel Bekker. Berlim, Reimer, 1842. v. VIII.

SIMPLÍCIO. *Simplicii in Aristotelis Physicorum libros quattuor priores Commentaria.* Ed. Hermann Diels. Berlim, Reimer, 1882.

USENER, Hermann. *Götternamen:* Versuch einer Lehre von der religiösen Begriffsbildung. Frankfurt am Main, Klostermann, 2000. Ed. it.: *I nomi degli dèi.* Trad. Monica Ferrando. Brescia, Morcelliana, 2008.

WITTGENSTEIN, Ludwig. *Tractatus logico-philosophicus e Quaderni 1914-1916* [1921]. Trad. e intr. Amadeo G. Conte. Turim, Einaudi, 1997 [ed. bras.: *Tractatus logico-philosophicus*, trad. Luiz Henrique Lopes dos Santos, 3. ed., São Paulo, Edusp, 2010].

_____. *Vermischte Bemerkungen.* Frankfurt am Main, Suhrkamp, 1977 [ed. port.: *Cultura e valor*, trad. Jorge Mendes, Lisboa, Edições 70, 1996].

Índice onomástico

Abelardo, Pedro, 133-5
Agostinho de Hipona, 91-2, 167
Alexandre de Afrodísias, 85, 155-6
Amalrico de Bena, 79, 163-4
Amônio de Hérmias, 53-4, 59, 66, 85, 87-9
Andrônico de Rodes, 86-7
Antístenes, 117-9
Arendt, Hannah, 194
Aristófanes, 184
Aristóteles, 36-7, 40, 43, 51-5, 57, 59, 63, 67, 79, 85-7, 95, 98--100, 102, 108-10, 114, 125-7, 129, 136, 138-9, 142, 146-8, 152, 155, 165-6, 183-5, 187-8
Arnim, Hans von, 91, 97

Badiou, Alain, 157
Bekker, August Immanuel, 103

Benjamin, Walter, 75, 79, 83, 116--7, 123, 136
Benveniste, Émile, 39, 43, 48, 51, 65, 111-2, 122, 124-5, 136
Boaventura de Bagnoregio, 134
Boécio, Anício Mânlio Severino, 130
Bopp, Franz, 47
Borromeu, Carlos, 185
Bréhier, Émile, 91, 97
Brentano, Franz, 168
Buber, Martin, 83

Cherniss, Harold, 104
Cinésias, 184
Colli, Giorgio, 70
Courtenay, William J., 134

Dal Pra, Mario, 166

Damão, 183, 186
David de Dinant, 79, 164
Derrida, Jacques, 59
Descartes, René, 146, 160-1
Diano, Carlo, 141
Diógenes Laércio (Diogenes Laërtius), 97
Duhem, Pierre Maurice Marie, 148, 153
Duns Scotus, 44

Eckhart von Hochheim (Mestre Eckhart), 45
Estácio, 85
Estesícoro, 188
Euclides, 150

Federico II, 32
Filopono, Giovanni, 85
Frege, Gottlob, 89-90, 108, 115-6
Friedländer, Paul, 180
Frínis, 184

Galilei, Vincenzo, 185
Gregório de Rimini, 165-7
Güntert, Hermann, 117

Hegel, Georg Wilhelm Friedrich, 47, 66

Heidegger, Martin, 98
Heráclito, 126
Herz, Marcus, 122
Hesíodo, 180-1
Hoffmann, Ernst, 126
Homero, 189

Jaeger, Werner Wilhelm, 103
Jakobson, Roman, 65
Jâmblico, 85
Jarry, Alfred, 168

Kant, Immanuel, 122, 128
Koyré, Alexandre, 163

Leibniz, Gottfried Wilhelm von, 73-6

Mallarmé, Stéphane, 34, 124, 137
Meinong, Alexius, 168-9
Melandri, Enzo, 126
Melanípedes, 184
Menzerath, Paul, 61
Mestre Eckhart, v. Eckhart von Hochheim
Milner, Jean-Claude, 67, 109, 116
Momigliano, Arnaldo, 136
More, Henry, 160-2
Mugler, Charles, 151

Índice onomástico

Myškin, Lev Nikolaevič, príncipe, 75

Newton, Isaac, 162-3

Ockham, Guilherme de, 131-2
Olimpo, 187
Otto, Walter, 191

Paqué, Ruprecht, 131
Paulo de Tarso, 77
Pitágoras, 112
Platão, 36, 39-40, 43, 51, 62-3, 67, 78-9, 93-6, 100-3, 107-8, 110-1, 113-5, 117-8, 121, 123, 125-9, 131-3, 136-7, 140-4, 146-50, 152, 154-7, 164, 167, 169, 171-7, 183, 185, 188-9, 191
Plauto, 112
Plotino, 79, 115, 142-5
Porfírio, 85, 130
Prisciano, 127

Riemann, Georg Friedrich Bernhard, 150
Rijk, Lambertus Marie de, 135

Ross, William David, 104
Saussure, Ferdinand de, 39, 51, 61-2, 67
Schubert, Andreas, 89, 96
Sexto Empírico, 88, 97
Simplício, 128, 138, 152-3, 155-6
Sócrates, 63, 105, 118, 164, 183, 191
Spinoza, Baruch, 76-8

Terpandro, 188
Timóteo de Mileto, 184
Tomás de Aquino, 74, 164
Trendelenburg, Friedrich Adolf, 103

Usener, Hermann, 119-21

Varrão, Marco Terêncio, 51, 91

Virgílio Marão, Públio, 161

Wittgenstein, Ludwig, 43-4, 51, 70-1, 116

Zenão de Cítio, 164

Sobre o autor

Giorgio Agamben nasceu em Roma, em 1942. É um dos mais importantes e polêmicos filósofos da atualidade. Formou-se pela Universidade de Roma, em 1965, com uma tese sobre o pensamento político de Simone Weil. No início da década de 1960, tornou-se amigo da escritora Elsa Morante e do intelectual e cineasta Pier Paolo Pasolini, chegando a atuar no filme *O Evangelho segundo São Mateus* (1964), no papel do apóstolo Felipe. Entre 1966 e 1968 assistiu aos célebres seminários sobre Hegel e Heráclito proferidos por Martin Heidegger em Le Thor. Na década de 1970, dedicou-se aos estudos de lingüística e cultura medieval, primeiro em Paris, e depois em Londres, na Warburg Institute Library. Enquanto publicava seus livros, Agamben foi, entre 1986 e 1993, diretor de programa no Collège International de Philosophie (Paris), onde estabeleceu vínculo de amizade com Jean-Luc Nancy, Jacques Derrida e Jean-François Lyotard. Nesse período, foi professor associado de Estética na Universidade de Macerata (1988--1992). Depois de ter trabalhado como docente de Estética na Universidade de Verona (1993-2003), transferiu-se para Veneza, lecionando a mesma matéria na Facoltà di Design e Arti della IUAV (Istituto Universitario di Architettura di Venezia). Em 2003 tornou-se *Distinguished Professor* da New York University, cargo ao qual renunciou em protesto contra a política migratória do governo estadunidense. Afastou-se da carreira docente no fim de 2009.

Sua produção centra-se nas relações entre filosofia, direito e arte em geral (incluindo literatura e poesia). Desde a década de 1990, Agamben dedica-se principalmente à filosofia política, fazendo uma releitura do pensamento aristotélico e hegeliano, e inspirando-se nas obras de Walter Benjamin, Carl Schmitt, Hannah Arendt e, sobretudo, de Michel Foucault.

Em 2006 recebeu o Prix Européen de l'Essai "Charles Veillon" pelo conjunto de sua obra.

Entre seus principais livros, destacam-se *Homo sacer* (Editora UFMG, 2005), *Categorias italianas* (Editora da UFSC, 2014) e as seguintes obras publicadas pela Boitempo: *Estado de exceção* (2005), *Profanações* (2007), *O que resta de Auschwitz* (2008), *O reino e a glória* (2011), *Opus Dei* (2013) e *Altíssima pobreza* (2014), *Pilatos e Jesus* e *O mistério do mal* (2014 e 2015, ambos em coedição com a Editora da UFSC), *O uso dos corpos* (2017), *O fogo e o relato* (2018), *Signatura rerum* (2019) e *Reflexões sobre a peste* (2020).

OUTRAS PUBLICAÇÕES DA BOITEMPO

Justiça interrompida
NANCY FRASER
Tradução de **Ana Claudia Lopes** e **Nathalie Bressiani**
Orelha de **Flávia Biroli**

Lacan e a democracia
CHRISTIAN DUNKER
Orelha de **Vladimir Safatle**
Quarta capa de **Maria Lívia Tourinho Moretto** e **Nelson da Silva Jr.**

Um dia esta noite acaba
ROBERTO ELISABETSKY
Orelha de **Irineu Franco Perpétuo**
Quarta capa de **Odilon Wagner**

A questão comunista
DOMENICO LOSURDO
Organização e introdução **Giorgio Grimaldi**
Tradução de **Rita Coitinho**
Orelha de **Marcos Aurélio da Silva**

ARSENAL LÊNIN
Conselho editorial Antonio Carlos Mazzeo, Antonio Rago, Augusto Buonicore, Ivana Jinkings, Marcos Del Roio, Marly Vianna, Milton Pinheiro e Slavoj Žižek

Imperialismo, estágio superior do capitalismo
VLADÍMIR ILITCH LÊNIN
Tradução de **Edições Avante!** e **Paula Vaz de Almeida**
Prefácio de **Marcelo Pereira Fernandes**
Orelha de **Edmilson Costa**
Quarta capa de **György Lukács, István Mészáros** e **João Quartim de Moraes**

BIBLIOTECA LUKÁCS
Coordenação de José Paulo Netto e Ronaldo Vielmi Fortes

Goethe e seu tempo
GYÖRGY LUKÁCS
Tradução de **Nélio Schneider** com a colaboração de **Ronaldo Vielmi Fortes**
Revisão da tradução de **José Paulo Netto** e **Ronaldo Vielmi Fortes**
Orelha de **Ronaldo Vielmi Fortes**
Apresentação e quarta capa de **Miguel Vedda**

ESCRITOS GRAMSCIANOS
Conselho editorial: Alvaro Bianchi, Daniela Mussi, Gianni Fresu, Guido Liguori, Marcos del Roio e Virgínia Fontes

Homens ou máquinas?
escritos de 1916 a 1920
ANTONIO GRAMSCI
Seleção e apresenttação de **Gianni Fresu**
Tradução de **Carlos Nelson Coutinho** e **Rita Coitinho**
Orelha de **Marcos del Roio**

ESTADO DE SÍTIO
Coordenação de Paulo Arantes

Abundância e liberdade
PIERRE CHARBONNIER
Tradução e orelha de **Fabio Mascaro Querido**

MARX-ENGELS

Esboço para uma crítica da economia política
FRIEDRICH ENGELS
Organização e apresentação de **José Paulo Netto**
Tradução de **Nélio Schneider**
Orelha de **Felipe Cotrim**

MARXISMO E LITERATURA
Coordenação de Michael Löwy

A estrela da manhã
MICHAEL LÖWY
Tradução de **Eliana Aguiar**
Apresentação de **Leandro Konder**
Orelha de **Alex Januário**
Apêndice de **Sergio Lima**

MUNDO DO TRABALHO
Coordenação de Ricardo Antunes
Conselho editorial: Graça Druck, Luci Praun, Marco Aurélio Santana, Murillo van der Laan, Ricardo Festi, Ruy Braga

Sub-humanos: o capitalismo e a metamorfose da escravidão
TIAGO MUNIZ CAVALCANTI
Prefácio de **Boaventura de Sousa Santos**
Orelha de **Ricardo Antunes**

PANDEMIA CAPITAL

Pandemia: covid-19 e a reinvenção do comunismo
SLAVOJ ŽIŽEK
Tradução de **Artur Renzo**
Prefácio de **Christian Ingo Lenz Dunker**

TINTA VERMELHA
Educação contra a barbárie
FERNANDO CÁSSIO (ORG.)
Com textos de Alessandro Mariano, Alexandre Linares, Ana Paula Corti, Aniely Silva, bell hooks, Bianca Correa, Bianca Santana, Carolina Catini, Catarina de Almeida Santos, Daniel Cara, Denise Botelho, Eudes Baima, Isabel Frade, José Marcelino de Rezende Pinto, Maria Carlotto, Marina Avelar, Matheus Pichonelli, Pedro Pontual, Rede Brasileira de História Pública, Rede Escola Pública e Universidade, Rodrigo Ratier, Rogério Junqueira, Rudá Ricci, Sérgio Haddad, Silvio Carneiro, Sonia Guajajara, Vera Jacob Chaves
Apresentação de Fernando Cássio
Prólogo de Fernando Haddad
Quarta capa de Mario Sergio Cortella

CLÁSSICOS BOITEMPO
O dinheiro
ÉMILE ZOLA
Tradução de Nair Fonseca e João Alexandre Peschanski
Orelha de Mario Sergio Conti

LITERATURA
Como poeira ao vento
LEONARDO PADURA
Tradução de Monica Stahel
Orelha de Sylvia Colombo

BARRICADA
Conselho editorial Gilberto Maringoni e Luiz Gê

Marx: uma biografia em quadrinhos
ANNE SIMON E CORINNE MAIER
Tradução de Mariana Echalar
Letras de Lilian Mitsunaga

BOITATÁ
O disco-pizza
MARIA RITA KEHL E LAERTE COUTINHO

Publicado em abril de 2022, mês em que Giorgio Agamben completa 80 anos de vida, este livro foi composto em Adobe Garamond Pro, corpo 12/18, e impresso em papel Pólen Soft 80 g/m² pela gráfica Rettec para a Boitempo, com tiragem de 4 mil exemplares.